Narcisistas

La guía definitiva para entender el narcisismo y las formas de tratar con un narcisista que usa la manipulación en el trabajo o en una relación abusiva

Tabla de contenido

Introducción

El narcisismo es un tema candente ahora mismo. Todo el mundo parece estar hablando de ello, y hay toneladas de libros que se están publicando sobre el tema. ¿Qué es lo que hace que este libro sea diferente de los otros libros que hay por ahí? Se han invertido muchas horas de investigación en este libro, y contiene la última información. Más que eso, este libro no trata de enseñarle cómo diagnosticar a un narcisista clínicamente, sino de mostrarle cómo puede identificar a los narcisistas en su vida.

Los narcisistas pueden causar daños invisibles. Son maestros del camuflaje. Nos hacen sentir que estamos a salvo y amados al principio, solo para volverse contra nosotros y causarnos dolor. Tal vez haya alguien en su vida que piense que puede ser un narcisista. Tal vez se pregunte si una persona específica en su vida muestra tendencias narcisistas.

Puede ser difícil identificar a un narcisista por su comportamiento al principio de una relación. Pueden parecer seguros y motivados. Pueden tener mucho éxito, lo que puede hacer difícil de creer que son narcisistas o que podrían abusar de usted.

Crecer con un narcisista en su familia puede hacer que se sienta como si no tuviera a quién recurrir. Puede sentir que ellos pueden convencer a todos los demás de que usted es el problema. Pueden hacerle sentir que está completamente solo. Identificando al narcisista, podrá quitarle el control de vuelta, y eso es exactamente lo que aprenderá a hacer en este libro.

Los narcisistas prosperan cuando tienen el control. Quieren a alguien en su vida que haga exactamente lo que dicen cuando lo dicen. ¿Cómo encuentran a estas personas? ¿Cómo elije un narcisista su objetivo? Entendiendo las respuestas a estas preguntas, será capaz de protegerse de los narcisistas ahora y en el futuro.

Este libro fue creado pensando en usted. Muchas personas quieren enfocarse en el narcisista; parecen estar obsesionados con lo que motiva a un narcisista y quieren conocer el funcionamiento interno del cerebro del narcisista. Creo que deberíamos enfocarnos en la persona a la que el narcisista apunta. Asegurarnos de que ya no es la víctima de un narcisista y ayudarle a seguir adelante con su vida es mucho más importante y mucho más fascinante que, por qué un narcisista hace lo que hace.

A lo largo de este libro, escuchará historias de Todd y Stacy. Todd es un narcisista; Stacy es su compañera. Verán cómo Stacy fue capaz de identificar el comportamiento de Todd y empezar a protegerse de sus tendencias abusivas. También aprenderá cómo puede hacer eso.

Y lo más importante, aprenderá qué hacer si es víctima de un narcisista, cómo puede seguir adelante con su vida y dónde puede encontrar ayuda.

Capítulo uno: Comprendiendo la personalidad

"Tiene una gran personalidad". ¿Alguna vez ha escuchado a alguien decir esto? Tal vez lo haya dicho usted mismo. Es algo que la mayoría de las personas dicen regularmente, pero ¿qué es la personalidad? La personalidad no tiene una sola definición.

En 1950 Raymond Cattell declaró que la personalidad es lo que nos permite predecir lo que alguien va a hacer en una situación determinada. En 1999 Walter Mischel describió la personalidad como el patrón de comportamiento de una persona, que incluye sus pensamientos, sus sentimientos, sus acciones y sus emociones.

Hay muchas otras definiciones de personalidad, pero una cosa que todas ellas tienen en común es la idea de que la personalidad de una persona está hecha del comportamiento constante que muestra. Por ejemplo, si es agradable todo el tiempo, las personas lo describirán como si tuviera una personalidad agradable.

Cada día, evaluamos diferentes tipos de personalidades. La psicología de la personalidad hace esto también; es el estudio científico de lo que lo hace a usted mismo, ser usted. La psicología de la personalidad trata sobre la comprensión de cómo se desarrolla la personalidad de una persona, así como la forma en que su personalidad influye en ella como persona.

La personalidad es algo que viene de su interior. Por supuesto, la personalidad puede ser influenciada por la genética, el entorno en el que una persona crece, y sus experiencias de vida.

La teoría de la personalidad más aceptada es la de los "Cinco Grandes". Según la teoría de los Cinco Grandes, la personalidad de cada persona se compone de cinco rasgos que incluyen:

1. La extraversión, o lo seguro que está socialmente.
2. Amabilidad, o placer agradable.
3. Neuroticismo y salud mental.
4. Conciencia, que significa que tan bien una persona quiere hacer algo, o lo seriamente que se toma sus obligaciones.
5. Apertura o franqueza.

Cada rasgo es un factor del espectro, y según esta teoría, cada personalidad puede encontrarse dentro de ese espectro. Un ejemplo de esto puede ser que caiga en lo alto del espectro en conciencia y simpatía, mientras que esté en el medio en extroversión y apertura, y sea bajo en neuroticismo. Cada personalidad puede ser categorizada usando estos rasgos.

Freud creía que la personalidad se desarrolla a una edad muy temprana. Según su teoría, hay que pasar por ciertas etapas para que la personalidad se desarrolle. A medida que una persona completa con éxito una etapa, pasa a la siguiente. Sin embargo, si la etapa no se completa, eso afectaría a su personalidad por el resto de sus vidas.

Por otro lado, Erik Erikson creía que, si una persona completaba todas las etapas de desarrollo de la personalidad, formaría una personalidad saludable. Mientras que Freud creía que una vez que la personalidad se desarrollaba, uno se quedaba atascado en ella, Erikson creía que continuaría desarrollándose durante toda la vida.

¿Ha hecho alguna vez una prueba de personalidad? Hay muchos tipos diferentes de pruebas de personalidad, y es probable que se haya encontrado con una o dos en su vida. Muchos de nosotros hemos hecho pruebas de personalidad cuando solicitamos un trabajo. Tal vez usted hizo uno cuando estaba en la escuela secundaria, para determinar qué tipo de trabajo debería hacer en el futuro. O tal vez la tomó en línea como una forma de entretenimiento.

Aprender más sobre su personalidad le permitirá comprender por qué hace las cosas que hace, por qué se siente de cierta manera y por qué trabaja mejor con unas personas que con otras.

Si está realizando pruebas de personalidad en línea, tenga en cuenta que algunas de estas pruebas pueden ayudarle a aprender un poco sobre sí mismo, y que son divertidas de hacer; sin embargo, no debe confiar en ellas para ningún tipo de diagnóstico. Si cree que usted o alguien que conoce sufre un trastorno de personalidad, un psicólogo de la personalidad debe hacer un diagnóstico formal.

Un trastorno de personalidad es un trastorno mental que afecta a sus pensamientos, su funcionamiento interpersonal y su comportamiento. Al momento de escribir este documento, existen diez trastornos de personalidad, incluyendo el trastorno de personalidad antisocial, el trastorno de personalidad obsesivo-compulsiva, el trastorno de personalidad narcisista y más.

Que le digan que tiene un trastorno de personalidad puede ser muy molesto, pero hay ayuda disponible para aquellos que la quieren. Cuando trabaje con un profesional de la salud mental, comenzará a comprender las dificultades que los trastornos de la personalidad pueden causarle, y aprenderá a sobrellevarlas.

La mayoría de nosotros nos esforzamos por ser buenas personas. Sin embargo, encontramos que el mundo en el que vivimos parece obsesionado con el aprendizaje de los que no lo son. Los psicópatas y los narcisistas están de moda. Las personas ven películas y programas de televisión sobre ellos, y parecen fascinar a muchas personas.

Personas como los narcisistas y psicópatas ocupan un lugar importante en el espectro de la tríada oscura. El espectro de la tríada oscura consiste en rasgos negativos que cualquier persona puede poseer. Entre ellos se encuentran el maquiavelismo, que significa manipular a otras personas; el narcisismo, que significa que esperan un tratamiento especial o admiración; y la psicopatía, que significa que son insensibles o despiadados.

Es esta tríada oscura la que constituye las partes oscuras de nuestra personalidad. En el otro extremo del espectro está la tríada luminosa, compuesta por rasgos que contrastan con los de la tríada oscura. Estos incluyen el humanismo, o la valoración de cada persona y su dignidad; el kantianismo, que significa que no pretende utilizar a una persona; y la fe en la humanidad, que simplemente significa que cree que las personas son inherentemente buenas.

Cuando una persona obtiene una puntuación alta en la tríada oscura, por lo general no está satisfecha con su vida, y puede mostrar algunos comportamientos psicosociales como violencia, agresión o poca empatía. Los que obtienen un puntaje más alto en la tríada luminosa tienden a ser más felices en la vida, más exitosos, adeptos a llevarse bien con otras personas y a contribuir a la sociedad.

En todos nosotros existe algo de luz y algo de oscuridad. Ni una sola persona va a ser todo claridad o toda oscuridad. Tenemos que tener cuidado con aquellos que son más oscuros que claros. Son los que le explotarán, dominarán o le abusarán.

Mientras que el trabajo de los psicólogos de la personalidad es investigar y entender la personalidad, es bueno para todos entender un poco sobre ella. Entender la personalidad le ayudará a entenderse mejor a sí mismo, así como a los que le rodean.

Capítulo dos: ¿Qué es el narcisismo y cómo identificarlo?

El narcisismo se caracteriza por un exagerado sentido de autoestima y una falta de empatía hacia otras personas. El narcisista carece de empatía, muestra un comportamiento arrogante, y tiene una profunda necesidad de una excesiva cantidad de atención de otras personas.

Aunque estos son los rasgos más comunes del narcisismo, hay tantos rasgos que identificar el narcisismo, puede ser bastante complicado. No hay ninguna prueba médica que se pueda hacer para determinar si una persona es narcisista; los psicólogos deben observar el comportamiento de las personas, sus actitudes y la forma en que reaccionan ante ciertas situaciones.

Para que una persona sea identificada como narcisista, debe exhibir al menos el 55% de las siguientes características:

- **Sentirse superior a todos los demás y tener un sentido de privilegio.**

    El narcisista solo se alegrará cuando se le identifique como el mejor, el más inteligente, el más competente y el que tiene el control. Quieren que todo se haga a su manera y creen que su manera es la mejor. Lo que muchas personas no se dan cuenta es que un narcisista también puede tener ese sentimiento de superioridad por ser el más enfermo, el más herido, la víctima, el más molesto, el más perjudicado o el que está peor en la vida. Esto les permite disfrutar de la preocupación de otras personas.

- **Teniendo una constante necesidad de validación, así como de atención.**

El narcisista necesita atención constantemente. Puede seguirle por la casa mientras intenta hacer sus tareas, exigiendo su atención, o puede decir algo de la nada para llamar su atención. Quieren que todos se concentren en ellos tanto como sea posible. Cuando se trata de la validación, una persona narcisista no puede obtener esto de sí misma; tiene que obtenerlo de otras personas. Puede pasar todo su tiempo diciéndole lo mucho que se preocupa por ellos, lo orgulloso que está de ellos y que realmente los admira, pero eso nunca será suficiente. Deben tener un flujo constante de esta validación. Esto se debe a que, aunque están muy ensimismados y parecen estar extremadamente seguros, en el fondo, son realmente inseguros y se sienten como si no fueran tan buenos como otras personas. Necesitan elogios constantes para alimentar sus egos para que no sientan que no están a la altura.

- **Perfeccionismo.**

El narcisista tiene un profundo deseo que todo en todas partes sea perfecto. Esperan ser perfectos como también usted, cualquier evento que ocurra en sus vidas, sus finanzas, y cualquier otro detalle. Todos sabemos que el perfeccionismo es imposible, excepto para el narcisista. Se exigen mucho a sí mismos y a los que les rodean todos los días. Cuando ellos o las personas que los rodean no están a la altura, se sienten miserables e insatisfechos con la vida. Esto los lleva a quejarse de su vida o de las personas a su alrededor.

- **Necesidad de controlar todo.**

Los narcisistas son perfeccionistas, quieren controlar todo en sus vidas. Creen que son más inteligentes que todos los demás a su alrededor, y al estar en control de todo, finalmente serán capaces de ser perfectos. También es su sentido del privilegio lo que les hace sentir que deberían ser capaces de controlarlo todo. Cuando no tienen el control o las cosas no salen como lo habían planeado, se molestan mucho, por lo que exigen que se hagan las cosas a su manera. La única manera de que las cosas salgan como ellos quieren es siguiendo su guion. En su mente, usted no es más que un personaje que juega un papel en sus vidas. No tiene sus propios sentimientos, pensamientos o ideas.

- **Negándose a asumir la responsabilidad de sus acciones.**

Culparán a otras personas. Aunque quieren tener el control de todo lo que pasa, no quieren asumir ninguna responsabilidad por los resultados, a menos, claro, que las cosas salgan como ellos quieren. Cuando las cosas no salen según su plan, quieren atribuirle la culpa o a otro en sus vidas porque se sienten menos que perfectos, y como ya hemos aprendido, un narcisista quiere ser perfecto. Sienten que al culpar a alguien más por el fracaso, siguen siendo perfectos.

- **Ser irrazonable.**

Si alguna vez ha conocido a un narcisista, probablemente se ha encontrado intentando razonar con él en algún momento. Tal vez intentó mostrarle al narcisista que le estaban causando dolor con su comportamiento. En el fondo, quiere creer que, si ellos pueden entender el dolor que le están causando, cambiarán. Para el narcisista, sus explicaciones no tienen sentido. Son incapaces de aceptar que tiene sus propios sentimientos y pensamientos. Pueden decirle que entienden lo que le dice, pero la verdad es que no lo hacen. El narcisista seguirá tomando sus decisiones basándose en sus propios pensamientos y sentimientos. Por ejemplo, si quieren un coche nuevo porque les hace sentir bien cuando lo conducen, lo van a conseguir. No van a considerar el presupuesto. No se sentarán a pensar en cómo su decisión va a afectarle a usted o al resto de la familia. Solo piensan en cómo les hace sentir ese coche. Pasan su tiempo buscando cosas o personas fuera de sí mismos para llenar un hueco dentro de sí mismos. Esperan que todos los demás estén de acuerdo con lo que decidan hacer. Si no lo hacen, pueden volverse irracionales.

- **Dividiendo todo en bueno y malo.**

Para un narcisista, cualquier cosa negativa será su culpa o la culpa de alguien más. Por ejemplo, si no obtuvieron el ascenso en el trabajo, es porque nadie ve lo duro que trabajan. Por otro lado, si algo positivo sucede, se llevarán todo el crédito por ello. Por ejemplo, si trabajó duro para pagar toda la deuda en la que ambos habían incurrido, pueden decirles a las personas que la deuda fue pagada porque *ellos* trabajaron muchas horas extras.

- **No ser capaz de sopesar lo bueno y lo malo de sus decisiones.**

Como en el último ejemplo, si el narcisista quiere comprar un coche nuevo, no van a tener en cuenta los pagos mensuales. No se van a preocupar de que la familia no tenga comida en la mesa porque están concentrados en la forma en que el auto los hace sentir.

Por otra parte, pueden centrarse completamente en lo negativo. Por ejemplo, Tom decidió que iba a ir a la playa para sus vacaciones. Llovió toda la semana que estuvo allí. Tom terminó dándole al hotel una crítica terrible porque estaba muy enojado por el clima. No importaba que el hotel hiciera todo lo posible para que su estancia fuera agradable. Sintió que era culpa de ellos que las vacaciones se arruinaran.

- **Tener un miedo profundo al rechazo.**

A los narcisistas les aterroriza que vayan a ser agraviados o rechazados. Temen ser ridiculizados, ser heridos emocionalmente, ser vistos como inadecuados o ser abandonados, por lo que un narcisista es incapaz de confiar en otras personas. Cuanto más se acerque a un narcisista, menos confiarán en usted. Se niegan a ser vulnerables porque saben que esto le permitirá ver sus imperfecciones, dejándolos abiertos a su juicio o rechazo. La tranquilidad no va a ayudar al narcisista en absoluto; los narcisistas mostrarán comportamientos cada vez peores en un intento de ver hasta dónde pueden empujar a alguien antes de irse.

- **Sufriendo de ansiedad.**

Los narcisistas sienten que algo terrible les va a suceder. Pueden mostrar esta ansiedad hablando de las cosas terribles que esperan que sucedan, pero los narcisistas ocultan su ansiedad porque temen que los haga vulnerables. La mayoría de los narcisistas van a proyectar esta ansiedad en las personas más cercanas a ellos. Los llamarán enfermos mentales, egoístas o insoportables. Hacen esto para no tener que sentir la ansiedad. A medida que le hacen sentir peor, se sienten mejor. A medida que su ansiedad crece, la de ellos disminuye.

- **Ser incapaz de sentir culpa.**

El narcisista piensa que siempre tienen razón. No creen que las cosas que hacen afectan a nadie más que a ellos mismos. En el fondo, el narcisista puede sentir mucha vergüenza; puede entender que hay algo malo en ellos, incluso si son incapaces de identificarlo. El narcisista se avergüenza del miedo que siente, así como de sus inseguridades. El narcisista tratará de ocultar esta culpa en un intento de ocultar su baja autoestima.

- **Ser incapaz de comunicarse con los demás.**

Mientras que la mayoría de las personas están en una relación o trabajando como parte de un equipo, los narcisistas piensan en cómo sus acciones afectarán a la otra persona o personas. El narcisista nunca piensa en las otras personas en sus vidas. El narcisista no renunciará a algo que quiere proporcionarle con algo que usted quiere. No cree que tenga sus propios sentimientos, por lo tanto, no los considera.

Un narcisista carece de límites. Tienden a creer que todo y todos les pertenecen. Si se le dice "No", se insulta. Se comportan como niños cuando quieren algo, llegando a extremos para conseguir lo que sea que quieran. Llegarán a hacer pucheros, a exigir, a molestarle persistentemente por ello, a enfadarse y a negarse a hablarle hasta que consigan lo que quieren.

Son incapaces de empatizar con otras personas. Debido a que el narcisista está tan absorto en sí mismo, rara vez consideran los sentimientos de los demás. Un narcisista raramente se disculpará por su comportamiento o sentirá remordimiento. Está completamente centrado en sus propios sentimientos y no ve cómo hace sentir a los demás.

Cuando un narcisista siente que alguien está haciendo algo para molestarle a propósito, puede reaccionar con ira. Puede que no intente molestar al narcisista; sin embargo, en su mente, eso es exactamente lo que está haciendo. Por ejemplo, si el narcisista intenta decirle que la tierra es plana y usted le muestra todas las pruebas científicas que puede encontrar, demostrando que la tierra es redonda, ellos sentirán que ha intentado deliberadamente hacerle parecer un tonto.

También son conocidos por mostrar cualquiera de las cualidades por las que creen que las personas los admirarán. Quieren que todos sepan lo bien que lo hacen en el trabajo; si han hecho algo bueno, se asegurarán de compartirlo con el mundo. Por ejemplo, si le dieran un dólar a un indigente, harían que pareciera que han cambiado la vida de esa persona.

Creen que sobresalen en todo lo que intentan hacer. Incluso cuando pueden tener resultados medios o por debajo de la media, según ellos, son los mejores en el negocio.

Una persona narcisista explotará a otras personas y las manipulará. Ven a las personas como un medio para un fin, no como otro ser humano que importa. Harán lo que sea necesario para obtener lo que quieren de las personas en sus vidas.

Lo más probable es que haya conocido a alguien con algunos de estos rasgos. Muchas personas muestran al menos uno de estos rasgos en un momento u otro de sus vidas. Por eso es tan fácil para los narcisistas pasar desapercibidos. Es muy simple para un narcisista parecer una persona cariñosa cuando los conoce por primera vez, y eso es lo que los hace tan peligrosos. Una vez que lo atraen, las banderas rojas empiezan a subir, pero ya está emocionalmente involucrado. Se dice a sí mismo que están teniendo un mal día o que esto no es realmente lo que son. Comienza a inventar excusas para ellos, permitiéndoles que sigan aprovechándose de usted.

Al aprender sobre los rasgos de los narcisistas, puede ser capaz de protegerse de ser aprovechado en el futuro. También puede darse cuenta de que ya tiene un narcisista en su vida.

Capítulo tres: Seis tipos de narcisistas que debería conocer

Hoy en día encontramos que la palabra narcisista se utiliza de forma bastante aleatoria para describir a cualquier persona que esté altamente motivada, segura de sí misma o que sepa lo que quiere de la vida. La verdad es que el narcisismo va mucho más allá de eso. Solo porque una persona monopolice toda la conversación de la cena para hablar de algo que ha logrado recientemente no la convierte en un narcisista. Una persona narcisista no solo siente que lo que ha hecho es importante, sino que es importante. Sin embargo, el narcisismo es un término amplio. Dentro del narcisismo hay varios tipos diferentes, cada uno con sus propios rasgos y comportamientos reveladores.

Narcisista tóxico: ¿Ha conocido alguna vez a alguien que parece prosperar por causar un drama en la vida de otras personas? Los narcisistas tóxicos pasan su tiempo causando drama para otras personas. Si no cumple con sus demandas, se enojan y empiezan a causar problemas en su vida. Hacen cosas como hacer que le despidan de un trabajo, intentar terminar sus relaciones con otras personas e incluso pueden llegar a ser físicamente abusivos. (Nunca debe permitir que alguien le cause daño físico. Retírese de la situación, busque ayuda profesional y póngase en contacto con la policía local para discutir sus opciones).

Narcisista con tendencias psicopáticas: Solo alrededor del 1% de las personas en el mundo se consideran psicópatas. Sin embargo, hay una forma de narcisismo que viene con tendencias psicopáticas. Estas personas son muy peligrosas y deben ser evitadas sin importar lo que pase. A menudo son conocidos por volverse muy violentos y no tener remordimientos por sus acciones. Cuando se piensa en este tipo de personas, se debe pensar en los asesinos en serie y otros tipos de asesinos ya que son los que componen la mayoría de esta categoría.

Narcisistas de armario: El narcisista de armario puede ocultar sus rasgos narcisistas, haciendo difícil que alguien los identifique como narcisistas. El narcisista de armario aún se sentirá con privilegio; necesitará validación y admiración, pero usa una máscara, haciéndose ver desinteresado. Piense en la persona que siempre publica en las redes sociales todas las cosas maravillosas que está haciendo por el mundo; haciendo voluntariado en el refugio de animales, alimentando a los sin techo o visitando a los ancianos. La mayoría de las personas hacen sus buenas acciones en silencio y en privado, pero el narcisista de armario quiere que todo el mundo sepa de ellas. Quieren ser admirados por todas las cosas buenas que están haciendo. La mayoría de las veces, ni siquiera se preocupan por las personas que están ayudando; solo ayudan para que reciban la atención que desean.

Narcisistas exhibicionistas: Este tipo de narcisistas no se preocupan por ocultar que son narcisistas. Dejarán que todos a su alrededor lo sepan; son ruidosos y están orgullosos. Quieren estar en el centro de atención todo el tiempo, y cuando no lo están, se molestan mucho. Tienden a aprovecharse de otras personas a quienes ven como nada más que peldaños para conseguir lo que quieren en la vida.

Narcisistas abusivos: Este tipo de narcisista es un abusivo egoísta; son las personas que tienen que sacrificar a otras personas para construirse a sí mismos. Están obsesionados con ser el número uno y amenazarán a cualquiera que se interponga en su camino. Un abusador regular es aquel que intimida a una persona para obtener un beneficio social o material; un abusador narcisista lo hace porque lo hace sentir mejor acerca de quién es.

El seductor: El narcisista seductor es muy astuto. Empiezan por hacerle sentir bien sobre quién es usted, para ganar su confianza, su admiración o su amor. Una vez que se han ganado su confianza, ya no estarán interesados. ¿Ha conocido alguna vez a alguien que pareciera amar la persecución, pero que cuando finalmente obtuviera el amor y la admiración de la persona que perseguía, ya no se interesara? Este es el seductor narcisista. Debe ser evitado porque puede llegar a ser abusivo, y no siente remordimiento por el dolor que está causando.

La mayoría de nosotros no queremos tener ningún narcisista en nuestras vidas. Son peligrosos y deben ser evitados. Pueden causar daños físicos, mentales y emocionales que pueden tardar años en repararse. Para evitar este tipo de personas, hay que ser capaz de identificarlas. Tristemente, esto puede ser un desafío incluso cuando sabe lo que está buscando. Si sospecha que alguien en su vida es un narcisista, y está mostrando un comportamiento narcisista, lo mejor que puede hacer es eliminarlo de su vida. Nadie tiene derecho a estar en su vida si usted no quiere que lo esté. Mientras que el narcisista puede reaccionar fuertemente y tratar de forzar el retorno a su vida, usted debe permanecer fuerte y mantenerse firme para evitar que causen más daño.

Capítulo cuatro: Las herramientas favoritas del narcisista

Si alguna vez ha estado en algún tipo de relación con un narcisista, puede que se haya preguntado cómo terminó en esa situación. Puede que no comprenda por qué terminó confiando en alguien tan egoísta y manipulador.

Los narcisistas usan una variedad de herramientas para aprovecharse de usted, para silenciarlo y degradarlo. Al narcisista no le importa si está en un lugar privado o público; él le avergonzará siempre que se presente la oportunidad. Lo hacen para mantener su autoestima lo más baja posible, para hacerle sentir como si necesitara su validación, lo que le mantendrá la esperanza de que un día obtendrá su aprobación, un día *será* lo suficientemente bueno. Ese día nunca llegará. Pueden seguir la vergüenza con un "Solo estaba bromeando" u otra frase como esa, pero su comportamiento es inexcusable.

1. Cuando conoce a un narcisista por primera vez, puede ser extremadamente encantador. Ellos tienden a despistarlo cuando los conoce por primera vez y puede que le llenen de

cumplidos. Pronto los cumplidos cesan, y la personalidad encantadora desaparece. El narcisista le ha atrapado. Cuando conozca a una persona tan encantadora que parezca demasiado buena para ser verdad, acepte que probablemente sea así.

2. El narcisista siempre será la víctima. Si ha tenido un mal día, se asegurarán de que sepa que el suyo fue peor. No importa lo que esté pasando en su vida, se asegurarán de poder superarlo. Aunque su objetivo sea victimizarlo a usted, se van a presentar como víctimas porque les proporciona la atención que anhelan. Puede que comience a preguntarse si sus problemas son realmente tan grandes como cree que son o si simplemente está siendo demasiado dramático. El narcisista quiere que se sienta así. Quiere asegurarse de que sienta que los problemas de ellos son mucho más grandes que los suyos porque le abre a ser manipulado por ellos.

3. El gaslighting es una de las técnicas más conocidas que un narcisista usará. Lo hacen para que la persona se cuestione su propia cordura. Pueden decirle que imaginó cosas que sabe que recuerda, o que las soñó. Esto puede hacer que se sienta como si estuviera perdiendo la cordura, lo que permite al narcisista continuar victimizándolo.

4. Un narcisista siempre quiere estar en la cima. Quiere estar en el centro de atención todo el tiempo, lo que significa que cuando tiene éxito en su vida o cuando logra algo importante, quiere restarle importancia. Quieren hacer que sus éxitos parezcan menos importantes que los suyos. Al principio, pueden elogiar mucho su éxito, incluso hasta el punto de que parezca demasiado. Sin embargo, cuando sus verdaderos colores empiecen a mostrarse, van a empezar a hacerle sentir que las cosas que hace no son tan buenas. Ellos hacen esto porque le hace trabajar más duro para impresionarlos, lo que los hace ver mejor y les proporciona más atención.

5. Los narcisistas son conocidos por proyectar sus defectos a todos los que les rodean. Se niegan a aceptar que no son perfectos y se niegan a asumir la responsabilidad de su propio comportamiento a menos que, por supuesto, se les elogie por ello. Nunca se van a centrar en la mejora de sí mismos porque, a sus ojos, son perfectos. En cambio, simplemente proyectarán cada uno de sus defectos y todo su mal comportamiento en usted. Un ejemplo de esto sería que cuando uno de los cónyuges tiene una aventura, acusan a la otra persona de tenerla. No pueden aceptar su propio comportamiento negativo, así que lo proyectarán en su cónyuge. Un empleado perezoso puede alegar que no ha sido capaz de tener éxito en su trabajo porque su jefe es ineficaz. Esto les permite mantener su visión de sí mismos mientras escapan de la verdad sobre la situación.

6. Los narcisistas son muy buenos para iniciar disputas por las que no tiene ni idea de cómo empezó. Comienza una conversación con ellos, pensando que tendrá una conversación reflexiva. Entonces ellos comienzan a utilizar el gaslighting, hablando en círculos, tratando de confundirlo y distraerlo de lo que sea que usted estaba hablando. Estar en desacuerdo con ellos incluso en el tema más insignificante puede llevar a una gran discusión. Por ejemplo, si le dice que el cielo es azul en lugar del tono de púrpura que dicen que es, no solo la idea de que el cielo sea azul será atacada, sino que toda su vida, cada elección que haya hecho, y cada opinión que haya tenido también será atacada. Recuerde, ellos tienden a prosperar en la causa del drama, y cada vez que no está de acuerdo con ellos, le está dando una apertura para causar el drama. No alimente eso. No tiene que probar su punto si sabe que tiene razón. En cambio, acepte que están equivocados y siga con su vida. Si ve que están tratando de iniciar una discusión, acorte la conversación y pase un tiempo cuidando de sí mismo en lugar de discutir con ellos.

7. ¿Alguna vez ha tenido a alguien que malinterprete lo que usted dice hasta el punto de que le parezca absurdo que llegue a esa conclusión? Esto es lo que hace un narcisista. Por ejemplo, digamos que está hablando con una persona narcisista discutiendo cómo está descontento con la forma en que alguien lo está tratando. Puede responder diciendo: "Oh sí, porque eres tan perfecto", o "¡De repente soy el malo!", cuando todo lo que ha hecho es expresar sus sentimientos sobre cómo le están tratando. El narcisista hace esto para hacerle sentir que no tiene derecho a expresar sus propios sentimientos sobre su comportamiento o el de los demás. Tratarán de hacerle sentir culpable por expresar sus sentimientos. También puede decir que sabe lo que está pensando.

En lugar de escuchar lo que está diciendo, sacarán conclusiones sobre la situación y pondrán palabras en su boca. Dirán cosas como, "Así que piensas que soy un mal amigo", o, "Si no me quieres cerca, solo házmelo saber, y me iré". Esta es su defensa preventiva. Al comportarse así, le hacen sentir lástima por ellos, y se aseguran de que no exprese su opinión o sus sentimientos en el futuro. Si reacciona a lo que están diciendo, solo va a alimentar la disputa. En su lugar, simplemente diga que nunca dijo eso y aléjese de la conversación. Le mostrará que no será controlado y que tiene límites que ellos no pueden cruzar.

1. Mover la portería es una técnica que muchos narcisistas utilizarán para asegurarse de que pueden expresar lo insatisfechos que están con usted. Pueden decirle que esperan una cosa, pero cuando lo haga, dirán que esperaban algo diferente. Criticarán todo lo que haga, estableciendo estándares imposibles y siendo quisquillosos en lugar de ayudarle a mejorar. Digamos que ha perdido 20 libras y está orgulloso de su éxito. El narcisista le preguntará por qué no ha perdido 30. Si obtiene un aumento en el trabajo, le

preguntarán por qué no fue más. No quieren que se sienta orgulloso de ninguno de sus logros, así que harán que parezca que se ha quedado corto. Puede que incluso saquen a relucir algo que no tiene nada que ver con lo que estaba hablando. Por ejemplo, si le dice que le han dado un aumento, puede que le digan: "Bueno, ahora puedes empezar a prestar atención a tu apariencia". Lo hacen para asegurarse de que siempre se esfuerce por su aprobación. Cuando continuamente aumentan sus expectativas sobre usted, se aseguran de que nunca sienta que es lo suficientemente bueno para ellos.

2. Otra técnica que un narcisista utilizará es cambiar de tema para asegurarse de que no se le hace responsable de sus actos. Un narcisista no quiere permitir que nadie los haga responsables de nada. Cuando se den cuenta de que se les está haciendo responsables, cambiarán de tema para parecerse a la víctima. Hablarán de cómo se equivocaron al crecer, de cómo todos los maltratan, o incluso llegarán a mencionar algo que hicieron hace años y que les molestó. Cuando esto se hace, la discusión se descarrila, y no se puede decir lo que se quería decir. No le permita que le hagan descarrilar. Si nota que intentan cambiar el tema, vuelva a cambiarlo. Conviértase en un disco rayado redirigiendo la conversación. Puede decir: "Eso no es de lo que estaba hablando; tratemos de centrarnos en este tema". Si se niegan, termine la conversación y dedique su tiempo a hacer algo más productivo. No tiene sentido perder el tiempo tratando de tener una conversación con ellos cuando solo quieren seguir cambiando de tema.

3. Un narcisista utilizará amenazas cuando sienta que su sentido de superioridad está siendo desafiado. Ellos pueden hacer demandas muy irracionales de usted mientras se aseguran de que sepa que no está cumpliendo con sus expectativas. En lugar de hablar a través de un desacuerdo o comportarse con madurez, tratarán de hacerle temer las

consecuencias que podrían ocurrir como resultado de su desacuerdo con ellos. Amenazan a sus víctimas, ya sea de manera encubierta o abierta. Esto debería ser una bandera roja, y debería decirle que no se comprometerán. Estas amenazas deben ser tomadas en serio. Si alguna vez le amenazan, asegúrese de que la amenaza esté documentada y comuníquela a la policía inmediatamente.

4. Cuando su sentido de superioridad se vea amenazado, el narcisista sacará las cosas de contexto. En su mente, no pueden estar equivocados, y cualquiera que sugiera lo contrario es una amenaza. Cuando su sentido de superioridad se ve amenazado, podría resultar en una rabia narcisista. Esto no se debe a su baja autoestima, sino a su altísimo sentido del privilegio. Los insultos son una forma de rabia narcisista. Usan esta técnica cuando no pueden encontrar una forma diferente de manipularlo. Le permite denigrarle rápidamente, insultarle y hacerlos sentir mejor acerca de quiénes son. En lugar de centrarse en lo que usted dice, respondiendo a sus comentarios con hechos, comenzarán a insultarle en un intento de hacerle parecer menos creíble o inteligente. Si empiezan a insultar, termine la conversación de inmediato. No tolere que nadie lo insulte. Recuerde que tampoco debe tomar estas denominaciones a pecho. No representan quién es usted, sino quién es el narcisista.

5. Notas adicionales sobre el gaslighting (una técnica que los narcisistas utilizan para hacer que su víctima se cuestione su propia cordura): para asegurarse de que el narcisista no pueda utilizar el gaslighting en usted, tendrá que confiar en sus propios recuerdos. Si le asusta que vaya a olvidar los detalles de lo que pasó, escríbalo. Lleve un diario. Escriba la fecha, la hora, exactamente lo que pasó y lo que se dijo. Cuando lleve esto consigo a cualquier conversación, se enfrentará a hechos, y podrá asegurarse de que no está confiando únicamente en su memoria. Cuando escriba las cosas, va a ser capaz de

confiar en que sucedió exactamente de la manera en que recuerda que sucedió.

6. Aunque muchos narcisistas son muy inteligentes, la mayoría de ellos no son mentes maestras; simplemente quieren que crea que lo son. La mayoría de los narcisistas no se tomarán el tiempo para hacer ninguna investigación. No tratarán de entender ninguna otra perspectiva que no sea la suya. En su lugar, van a generalizar todo y hacer afirmaciones generales que invalidarán cualquier experiencia que no encaje en sus estereotipos. Por ejemplo, si hay un reportaje sobre una figura conocida que hace una acusación de violación, pueden recordarle que muchas acusaciones de violación son falsas. Pueden tratar de hacer parecer que, si bien las denuncias de violación falsas ocurren en raras ocasiones, la mayoría de las violaciones se denuncian de manera falsa.

O pueden hacer una declaración general sobre usted, como: "Siempre te estás quejando" o "Siempre haces eso". En lugar de tomarse el tiempo para abordar el tema específico que le ha molestado, ellos generalizan. Lo más probable es que se pueda quejar de vez en cuando, pero no *siempre* lo hace. Las posibilidades de que el narcisista pase la mayor parte de *su* tiempo quejándose y siendo cruel son mayores.

1. Una persona narcisista se asegurará de que usted asocie los recuerdos que deberían ser felices, como las vacaciones o los días festivos, con el abuso, la falta de respeto o la frustración. Intentarán arruinar todos los días festivos haciendo que todo sea sobre ellos e incluso pueden aislarle de las personas que ama. Hacen esto para asegurarse de que son el centro de atención. Su objetivo es asegurarse de que está enfocando toda su atención en ellos todo el tiempo. Si puede alcanzar sus objetivos y encontrar la felicidad sin depender de ellos, amenaza su papel en su vida.

2. Cuando un narcisista es incapaz de controlar la forma en que usted se siente acerca de sí mismo, tomará medidas para controlar la forma en que otras personas se sienten acerca de usted. Harán que parezca que el tóxico en la relación es usted, y ellos son la víctima. Harán lo que sea necesario para destruir su reputación, asegurándose de que no tenga a nadie a quien recurrir si decide cortar los lazos con ellos. Si todavía es capaz de separarse de ellos, pueden terminar acechándole y afirmando que están intentando que todo el mundo sepa la verdad sobre quién es usted realmente.

Un narcisista no solo le avergonzará en su cara, sino que chismorreará sobre usted cuando no esté cerca. Llegarán a inventar historias sobre usted y a decir que son víctimas de los abusos que le están infligiendo.

Si esto le está ocurriendo, necesita asegurarse de que está consciente de la forma en que reacciona ante el narcisista. Siempre concéntrese en atenerse a los hechos siempre que tenga que interactuar con ellos. Esto es especialmente importante si estuvo casado con un narcisista y está pasando por un divorcio. Asegúrese de que tiene documentación de cualquier tipo de acoso. Imprima los mensajes privados que le hayan enviado. Contacte con las fuerzas policiales, cuando sea necesario para documentar el abuso. Si tiene que hablar con el narcisista, asegúrese de que su abogado esté presente.

1. El narcisista es conocido por menospreciar a la víctima. En lugar de utilizar el sarcasmo por diversión, lo utiliza para manipularle. Si le dice algo sobre su sarcasmo, puede que le diga que es demasiado sensible. Tienden a olvidar que se comportan como niños de dos años cuando reciben comentarios negativos de alguien. Cuando se enfrente a este tipo de abuso, comenzará a cuestionarse sus sentimientos cada vez que piense en expresar sus propias opiniones o en hablar de sus sentimientos. De repente deja de hablar de la forma en

que el narcisista le hace sentir y ya él no tiene que trabajar para mantenerlo a usted en silencio.

Si encuentra que alguien le habla de manera degradante, hable. Sea firme cuando les haga saber que no le van a hablar como a un niño y que no se va a quedar callado para que se sientan mejor sobre quiénes son.

Estas son solo algunas de las técnicas que los narcisistas utilizan para controlar y manipular a sus víctimas. Se podría escribir un libro entero sobre este tema solamente. Por lo tanto, necesita saber cuáles son sus límites. ¿Qué tipo de comportamiento está dispuesto a aceptar, y qué tipo de comportamiento es inaceptable en cualquier relación en la que esté? Una vez que sepa lo que no aceptará, podrá reconocer más fácilmente las técnicas de manipulación.

Capítulo cinco: Cómo los narcisistas eligen a sus víctimas

¿Alguna vez ha conocido a alguien con el que sintió una conexión instantánea solo para descubrir que todo lo que quería hacer era manipularlo? ¿Alguna vez ha compartido sus secretos con alguien solo para descubrir que recogieron la información a propósito para usarla contra usted más tarde? Así es como suelen ser las cosas cuando nos encontramos con narcisistas.

Cuando es una persona compasiva, cariñosa y confiada, quiere creer que otras personas son iguales. Todos queremos creer que las personas son buenas. Lamentablemente, no siempre es así. A veces nos encontramos con personas en nuestras vidas que solo nos quieren en sus vidas para sus propias ganancias egoístas.

Estas personas son parásitos emocionales. Le apuntan y se aprovechan de usted. En el fondo, sabe que hay algo raro en la relación, pero como el narcisista es tan bueno jugando a ser la víctima, siente que tiene que aguantar. Después de todo, todos los demás en su vida los han abandonado.

Una vez que ha sido blanco de un narcisista, puede que se pregunte por qué le eligieron. Puede sentir que tiene la culpa de alguna manera por la forma en que le han tratado. La verdad es que el comportamiento de un narcisista no es su culpa. No ha hecho nada para merecer el tratamiento que ha recibido. Los narcisistas son depredadores que buscan personas de las que puedan alimentarse.

Cuando se mira hacia atrás en la relación, se puede dar cuenta de que no fue usted quien la inició; fue el narcisista quien la inició. Darse cuenta de que *ellos* le *eligieron* puede hacer que se pregunte, "¿Por qué usted?" ¿qué fue lo que les gritó que podían aprovecharse de usted? Hay muchas cosas que un narcisista buscará en una víctima, incluyendo:

- Hay algo que tiene que el narcisista quiere; un estilo de vida específico, dinero, poder o una posición.

- Es un cuidador o alguien que tiene un profundo deseo de ayudar a otras personas. Si esto suena a que usted sea muy cuidadoso, porque es un faro para los narcisistas, uno de sus tipos de víctimas favoritas.

- Es empático. Si es empático, es el principal candidato para un narcisista.

- Creció en un hogar disfuncional. Si creció en un ambiente abusivo, podría ser más difícil para usted identificar el abuso en las primeras etapas. Esto también puede hacer que sea muy difícil establecer límites. El narcisista hará lo que sea necesario para aprovechar esta debilidad para asegurarse de que quede completamente dependiente de ellos.

- Está desesperado por encontrar a alguien a quien amar, o se siente solo. Cuando se siente solo o desesperado por amar, va a bajar sus estándares. Solo desea que alguien allí llene el vacío. El narcisista se pondrá en posición, no para amarlo, sino para victimizarlo.

- Está de acuerdo con aceptar la culpa, incluso cuando no ha hecho nada. Si es el tipo de persona que está dispuesta a aceptar la culpa de las cosas que van mal en sus relaciones, incluso cuando no es culpa suya, será la víctima perfecta para un narcisista. Les encanta culpar a otras personas incluso cuando es obvio que están equivocados.

• No le gusta la confrontación y trata de evitar el conflicto a toda costa. Los narcisistas no quieren tener una relación con alguien que los confronte por su comportamiento. En cambio, buscarán a alguien que evite el conflicto porque eso les muestra que siempre podrán tomar el control de cualquier situación en esa relación. Siempre se saldrán con la suya.

Antes de que un narcisista escoja a su víctima, le harán una prueba a la persona. El narcisista utilizará diferentes técnicas para determinar si va a ser capaz de victimizar a la persona en la que está interesado.

Una de las técnicas que un narcisista utilizará es sugerirle que cambie algo acerca de quién que es usted. Ellos pueden sugerir que cambie el tipo de ropa que usa, el maquillaje que usa, su cabello, su personalidad, o su peso. Puede que le sorprenda la sugerencia; cuando conoce a alguien por primera vez y le pide que cambie algo, como el color de su pelo o su personalidad, las banderas rojas deben subir. Si alguien le dice justo después de conocerlo que necesita relajarse más y bajar la guardia, debería gritarle "narcisista". Esta es una de las primeras señales de que está entrando en una relación con un narcisista.

Cuando conoce a alguien por primera vez, no empieza a decirle todas las cosas que necesita cambiar de sí mismo. Nunca le haría esto a alguien, así que no permita que nadie se lo haga a usted. Muchas personas caen en esta trampa, esperando que la relación tenga un potencial a largo plazo cuando, en cambio, el narcisista solo quiere ver si hará lo que le dicen.

Un narcisista le dirá que le llamará o vendrá a una hora determinada o en un día determinado, y luego simplemente no lo hace. Puede que se encuentre completamente confundido a medida que pasan los días y no tenga noticias de ellos, solo para encontrarlos llamando o apareciendo varios días después como si nada hubiera pasado. Han estado fuera disfrutando de la vida y pasándoselo bien mientras usted ha estado en casa esperando a que le llamen o se acerquen y tratando de entender por qué no lo han hecho.

El narcisista hará esto para determinar cómo le ha afectado el no llamar o venir. Lo hacen a propósito, aunque tengan alguna excusa increíble. Puedo asegurarle que esto fue una prueba. Pueden decirle que tuvieron que salir de la ciudad repentinamente o que olvidaron por completo llamarlo. Esa no es la verdad. Esta prueba fue planeada con antelación para determinar cómo reaccionaría.

Por supuesto, eso no quiere decir que cada vez que esto sucede está tratando con un narcisista. Si está en una relación con alguien y esto sucede una vez, es probable que algo realmente interfirió con sus planes. Sin embargo, si sucede de nuevo, no es un error. Si sucede por segunda vez, necesita reconocer que está tratando con un narcisista. No le permita ver que el hecho de que no le llamen le ha molestado. Cuando descubran que no pueden afectarle, irán en busca de una víctima diferente.

¿Conoce a alguna persona que haya intentado que confíe en ellos de inmediato? Debe estar muy alerta si esto le sucede. Una persona que le dice inmediatamente después de conocerlo que puede confiar en él y que no le hará daño es probablemente un narcisista.

Esto no quiere decir que debería estar en guardia 24 horas al día, siete días a la semana, porque hay algunas personas geniales en el mundo. Lo que sí es necesario tener en cuenta es que las personas de confianza no tienen que decirle a alguien que son de confianza. Nunca van a tratar de convencerle de que confíe en ellos, y nunca tratarán de discutir temas delicados cuando se encuentren con usted por primera vez.

La mayoría de nosotros sabemos que una relación sana progresará de forma natural. Al principio, usted no quiere confiar demasiado, especialmente si todavía se está curando de relaciones anteriores. En lugar de apresurarse a hacer las cosas rápidamente, permita que progresen de forma natural. Uno de los mayores errores que cometen las personas es crear relaciones instantáneas con alguien que acaban de conocer. Puede parecer halagador cuando alguien que acaba de conocer quiere iniciar una relación instantánea, pero debería ser una bandera roja.

Puede que se sienta emocionado por toda la atención que está recibiendo del narcisista, pero en el fondo, sabe que se están cruzando los límites. El narcisista comenzará a violar los límites tan pronto como le conozca. Quieren encontrar a alguien que tenga límites débiles o que no tenga límites porque saben que van a poder entrar en una relación con esta persona y conseguir exactamente lo que quieren sin tener que hacer nada a cambio.

Las personas honestas que son confiadas y compasivas son el objetivo perfecto para un narcisista que va a empezar a probar los límites de inmediato. Si no establece claramente sus límites o no tiene ninguno, se convertirá en un objetivo. A muchas personas les cuesta establecer límites en sus relaciones. No quieren causar conflictos, ni quieren ser vistos como confrontadores, que es exactamente lo que un narcisista buscará.

No es necesario tener límites fuertes con los que se ama; sin embargo, cuando se trata de una persona que se acaba de conocer, es importante establecer esos límites de inmediato. Esto es importante porque si en algún momento, entra en una relación con esa persona, es casi imposible implementar los límites. Cuando los establece desde el principio, ya están ahí.

Una cosa que necesita recordar es que, si ha sufrido algún trauma en su infancia, puede convertirse en un blanco para los narcisistas. Recuerde que ya no es ese niño indefenso. Es un adulto fuerte y capaz que puede construir límites y asegurarse de que no sean violados.

Finalmente, cuando un narcisista está probando a alguien para determinar si va a ser su próxima víctima, comenzará a compartir historias sobre lo mal que fue su niñez o lo terriblemente que sus exparejas lo trataron. Hacen esto para que sienta lástima por ellos.

¿Recuerda cuando hablamos de cómo el narcisista siempre juega a ser la víctima? Esto es parte de esa técnica.

La conversación puede comenzar con ellos haciendo preguntas sobre su infancia o sus relaciones pasadas, pero terminará con ellos compartiendo en exceso las cosas que les han sucedido en el pasado. Es importante recordar que estos eventos pueden haber ocurrido, pero pueden no haber ocurrido. El narcisista no va a tener problema en decirle que fueron abusados, incluso cuando no lo fueron, para que sienta lástima por ellos y así puedan aprovecharse de usted.

Hay una cosa que todas estas pruebas tienen en común, y es que tienen lugar justo después de que haya conocido al narcisista. Si encuentra que alguien está compartiendo demasiado, queriendo saber demasiado sobre usted demasiado rápido, o está queriendo entrar en una relación muy seria muy rápidamente, las banderas rojas deben subir.

Alejarse de un narcisista puede ser aterrador al principio, pero todo el dolor que le han hecho sentir desaparece. Buscar ayuda profesional cuando se termina una relación con un narcisista puede ayudarle a superar el daño que han causado. Sin embargo, puede recuperar su vida. Puede volver a tener poder e independencia una vez más.

Capítulo seis: La pareja hecha en el infierno; narcisistas y empáticos

Un empático es una persona que es capaz de sintonizar con las emociones de los que le rodean. Pueden sintonizar con las emociones de las personas y los animales. El empático no solo puede entender cómo se siente alguien, sino que muchas veces se lleva esas emociones dentro de sí mismo, sintiéndolas como si fueran suyas.

Los empáticos son muy sensibles a los que les rodean y pueden verse abrumados por las emociones cuando están en una multitud. No solo captan las emociones de las personas con las que hablan, sino también las de todos los que les rodean.

El rasgo que más pone en peligro a un empático en torno a un narcisista es que no pueden ver a una persona que está sufriendo, ya sea emocional o físicamente, sin tener el deseo de ayudarla. Cuando ven a una persona necesitada, no son capaces de darle la espalda. No importa lo ocupado que esté el empático, o lo apurado que esté; harán lo que puedan para ayudar a alguien. Esto es lo que los hace tan vulnerables.

La empatía es exactamente lo opuesto a un narcisista, y como sabe, los opuestos tienden a atraerse. Los empáticos son extremadamente comprensivos y están llenos de compasión, mientras que el narcisista necesita a alguien que los alabe constantemente. El empático perdonará al narcisista sin importar lo que haga, lo que resultará en que el empático sea degradado y utilizado mientras que el narcisista prospera en la relación.

Los narcisistas buscarán a los empáticos porque saben que el empático va a satisfacer cada necesidad egoísta que tengan. El empático se siente muy atraído por el narcisista porque son cuidadores, exactamente lo que el narcisista necesita.

Cuando un narcisista ve a un empático, ve a alguien que es cariñoso, amoroso, devoto, y que se inclinará hacia atrás para hacerlos felices. Cuando el narcisista pone sus ojos en un objetivo, pondrá una falsa fachada, pretendiendo que es una persona cariñosa y compasiva; cuando el empático entra en la relación, solo verá todas las buenas cualidades del narcisista, aunque las cualidades sean falsas. Por supuesto, el narcisista solo puede fingirlo durante un tiempo; comenzará a señalar los defectos del empático, mientras que éste cree que puede ayudar a arreglar al narcisista. El instinto natural del empático le dice que mientras sea lo suficientemente compasivo, será capaz de curar al narcisista.

Se encuentran pensando que la relación sería fructífera si solo escucharan más, dieran más, se esforzaran más, y así sucesivamente. Este tipo de mentalidad nunca va a funcionar cuando se está en una relación con un narcisista. Sin embargo, el empático es incapaz de renunciar a alguien; le duele pensar que no puede ayudar a la persona que ama. Así que se esfuerzan más.

El empático va a trabajar duro para crear armonía dentro de la relación mientras que el narcisista se va a centrar en crear caos y drama, manipulando así al empático. Un narcisista manipulará al empático haciéndole creer que hay alguna esperanza de cambio. Proporcionará al empático pequeños elogios o incluso pequeños actos de bondad que le hagan creer que han hecho algo bien, y si continúan, las cosas cambiarán. Los empáticos son sufridores; entienden que todos somos humanos y no esperan que nadie sea perfecto. Un narcisista puede manipular a un empático simplemente diciéndole, "No soy perfecto. Estoy tratando de cambiar". Mientras que el narcisista puede admitir la culpa, no cree que sea defectuosa, y no tiene intención de hacer ningún cambio. Esta es solo otra técnica que utilizan para manipular a él empático. El empático quiere proporcionar apoyo. Quieren ayudar al narcisista a crecer y convertirse en una mejor persona. Al final, el narcisista solo lo está explotando.

Un empático puede mirarse a sí mismo y reconocer sus propios defectos. El narcisista puede aprovecharse de esto mientras forma el vínculo del trauma. El empático empezará a centrarse en las cosas que necesita cambiar para mejorar la relación. El narcisista puede señalar todos los defectos del empático, y el empático acepta lo que se le dice.

Puede ser muy difícil para un empático reconocer que está en una relación con un narcisista. Como empático, tiene que ser muy cuidadoso con las personas con las que se relaciona. Tiene que asegurarse de que está tratando de hacerlos crecer en la vida, pero no haciendo todo el trabajo por su cuenta. Tiene que dar un paso atrás y mirar el panorama general. ¿Qué pasos *están* dando para mejorar las cosas?

También es importante poner límites. Hablamos un poco sobre los límites en el último capítulo, pero para un empático, los límites son extremadamente importantes. Los empáticos tienden a sentir que los límites son duros. Les resulta difícil decir "No" a las personas. Sin embargo, esa palabra puede proteger a un empático de ser explotado.

No hay que ser duro de corazón para protegerse de un narcisista. Lo que sí tiene que hacer es aceptar que no todas las personas están destinadas a estar en su vida. Se encontrará con personas todo el tiempo que no son saludables para usted para estar en una relación, y eso está perfectamente bien.

Si es un empático y está en una relación con un narcisista, puede cambiar la situación dándose poder a sí mismo. Al principio, notará que el narcisista le dará un empujón. Lo hacen porque reconocen que el equilibrio de poder está empezando a cambiar, y les hace sentirse amenazados. Como empático, necesitará concentrarse en permitir que otras personas experimenten sus propias emociones y no en tomarlas sobre para usted mismo. A medida que el equilibrio de poder comienza a cambiar, el narcisista va a empezar a notar que todavía tiene voz. Esto puede hacer que retrocedan aún más, o que se rindan y encuentren otra víctima.

Comprensiblemente, esto podría ser aterrador. Cuando se ama a alguien, se quiere hacerlo feliz. Desea hacer cosas por ellos, y no quiere hacer algo que los haga irse. Sin embargo, cuando está en una relación con un narcisista, tiene que entender que no siente lo mismo por usted. No es más que un medio para conseguir un fin para ellos. Le proporciona lo que quiere, y si ya no lo hace más, ellos encontrarán a alguien más para explotarlo.

Tenemos que ser conscientes de que hay una diferencia entre potenciarse a sí mismo y tratar de forzar al narcisista a cambiar. El narcisista nunca cambiará. Usted, sin embargo, puede. Un narcisista puede hacerle sentir como si no fuera capaz de vivir sin ellos. Puede hacerle sentir que necesita que le cuiden y que tomen decisiones por usted. Ellos utilizan el gaslighting para hacerle sentir como si no fuera capaz de tomar decisiones por sí mismo. Atacarán su autoestima, menospreciándolo todo lo posible con la esperanza de que cumpla con sus exigencias.

Si está en una relación con un narcisista, debe asegurarse de no discutir con él o tratar de defenderse. Simplemente dígale que no está de acuerdo y abandone la conversación. Permita que el narcisista se ocupe de sus emociones por su cuenta. Sé que esto le puede resultar difícil, pero es la mejor manera de empezar a tomar el control ante el narcisista.

Capítulo siete: 12 frases que utilizan los narcisistas (y lo que hay que responder)

Si alguna vez ha estado en una relación con un narcisista o cualquier tipo de persona tóxica, probablemente tenga un poco de comprensión de cómo utilizan el lenguaje para manipularlo. Ellos utilizan frases específicas cada día que serían utilizadas en un texto completamente diferente si no fueran un narcisista.

Los estudios han demostrado que un narcisista disfruta manipulando a las personas de buen corazón; lo ven como una especie de deporte. Creen que son superiores. Al manipularlo, están construyendo sobre esta creencia incluso cuando todas las pruebas apuntan a lo contrario.

Usarán las conversaciones como una forma de derribarlo o aterrorizarlo. Le provocarán tanto miedo de estar en desacuerdo con lo que dicen que se dará por vencido y estará de acuerdo con ellos. Para entender lo que un narcisista realmente quiere decir cuando nos habla, tenemos que decodificar su lenguaje. Las siguientes frases son las más utilizadas por los narcisistas, seguidas de lo que realmente significa para el narcisista.

1. "Te amo". Me encanta poder controlarte, usarte y poseerte. Me encanta poder hablarte dulcemente, hacerte creer que me importas, y tirarte a un lado cuando me plazca. Me encanta que cuando te halago, puedo conseguir lo que sea que quiera. Me encanta que te hayas abierto a mí, aunque hayas sido maltratado en el pasado. Me encanta haber sido capaz de hacer que confíes en mí. Me encanta saber que puedo quitarte mi apoyo cuando quiera, y ver cómo te desmoronas.

2. "Lo siento". No lo siento. Quiero que esta conversación termine para poder seguir disfrutando aprovechándome de ti. No me importa que te hayas sentido herido por lo que hice. Solo lamento que me hayan atrapado. No me gusta que me reclames e intentes hacerme responsable de mis actos. No me gusta lidiar con tus emociones. No son válidas en lo que a mí respecta porque interfieren con que yo consiga lo que quiero. No me importa cómo te sientes.

3. "Estás exagerando" *o* **"demasiado sensible".** Aunque puedes estar teniendo una reacción perfectamente normal a todo el abuso que te he hecho pasar, no me gusta que estés empezando a reconocer lo que está pasando. Te voy a aplicar el gaslighting para asegurarme de que sigas cuestionándote a ti mismo. Necesito asegurarme de que sabes que tus emociones son inválidas para asegurarme de que no intentes enfrentarte a mí. Sé que, si no confías en ti misma(o), vas a continuar negando el abuso que te estoy haciendo pasar. Racionalizarás mi comportamiento, culpándote a ti misma(o) por ello. Mientras te culpes a ti misma(o), trabajarás muy duro para mantenerme feliz. Obtengo todos los beneficios sin ninguna de las consecuencias.

4. "Te estás volviendo loco". Sé que no estás loco(a), pero me encanta provocarte y hacerte creer que estás perdiendo la cabeza. Apuntando con el dedo y diciendo que tú eres el loco(a), puedo asegurarme de que se me quite el foco y se vuelva a poner en ti. De todas formas, no importa. Me he asegurado de que nadie va a creer nada de lo que tengas que decir. Ya saben lo inestable que eres. Puedo hacer que crean cualquier cosa sobre ti.

5. **"Mi ex está loco/a"**. Mi ex realmente no está loco/a, y si él/ella está loco, es porque yo los hice así. Me divertí mucho, torturándolos, provocándolos y agitándolos. Siempre pude sacarles una reacción, que utilicé en su contra para demostrarles a todos lo loco(a) que estaban. No te preocupes, yo también le diré a todo el mundo lo loco(a) que estás.

6. **"Son solo un amigo"**. Lo mantengo cerca por si empiezas a aburrirme. Si alguna vez me canso de ti o si empiezas a aburrirme, ellos podrían ser tu reemplazo. Ya están ocupando tu lugar cuando no tengo ganas de estar cerca de ti. Si te quejas de lo que hago, me aseguraré de que todos crean que eres tú quien intenta controlarme. Me aseguraré de que parezcas el abusivo(a).

7. **"Deja de ser tan celoso(a)"**. Me encanta ponerte celoso(a). Me encanta que estés dispuesto a competir con otras personas por mi atención. Me hace sentir tan poderoso, saber que puedo ponerte celoso(a) tan fácilmente. Puedo crear inseguridades dentro de ti simplemente coqueteando con otra persona. Cuanto más inseguro te sientes, más poderoso me siento. Todo lo que crees que está pasando realmente lo es, pero no hay nada que puedas hacer al respecto. Tengo derecho a hacer lo que quiera con quien quiera.

8. **"Tus problemas de confianza no son culpa mía"**. Claro, sé que no deberías confiar en mí. Sé que voy a ir a tus espaldas cuando quiera y hacer lo que quiera, pero no voy a admitirlo ante ti. Probablemente sería mejor que confiaras en tus instintos y te alejaras de mí lo antes posible, pero entonces no me divertiría. Disfruto viendo que cuestionas tus instintos.

9. "No siempre se trata de ti". En realidad nunca es sobre ti. De hecho, siempre se trata de mí. Si alguna vez decides empezar a centrarte en lo que quieres o necesitas, me aseguraré de que te sientas como la persona más egocéntrica del planeta. Me aseguraré de que te sientas culpable por considerar siquiera atender tus propias necesidades. No tengo ningún deseo de satisfacer tus necesidades; no podría hacerlo, aunque quisiera. Pero no quiero hacerlo. El enfoque debe ser en lo que es importante, y ese soy yo.

10. "¿Podemos seguir siendo amigos?". Quiero tenerte cerca por si necesito manipularte en el futuro. Odio ver que alguien a quien trabajé tan duro para adiestrar desaparezca. Me gusta llevar la cuenta de todos mis ex. De esa manera, cuando necesito algo de tranquilidad extra, están ahí para que empiece a manipularlos de nuevo. Mantenerme como amigo me facilita la tarea de controlarte. De esta manera, nunca te librarás de mí.

11. "Nadie te creerá nunca". Me he asegurado de que estés completamente aislada(o) y no tengas a nadie a quien recurrir para que te apoye. He destruido tu reputación, asegurándome de que todos crean cada mentira que he dicho sobre la persona que eres. Me he asegurado de que todos sepan que soy la víctima en esta relación. Si buscas ayuda, nadie creerá lo que le digas, y todos seguirán pensando que soy increíble.

12. "Nunca vas a encontrar otra persona como yo". Probablemente será algo muy bueno si nunca encuentras a otra persona como yo. Hay personas ahí fuera que están dispuestas a tratarte mucho mejor de lo que yo lo he hecho nunca. Pero no quiero que descubras que están ahí fuera. Si descubres tu valor, podrías irte, y entonces yo tendría que empezar de nuevo con otra víctima. Preferiría que siguieras intentando hacerme feliz.

Conocer las frases más comunes que usan los narcisistas y lo que realmente significan es solo la mitad de la batalla; también es importante saber cómo reaccionar a lo que el narcisista está diciendo. Cuando sepa de antemano cómo va a reaccionar a lo que dice el narcisista en su vida, será capaz de mantener la calma y el control. Esto lo va a enfurecer porque van a empezar a ver que ya no tienen control sobre usted. Reconocerán que está empezando a recuperar el control de ellos.

Uno de los mayores errores que las personas cometen cuando se encuentran cara a cara con un narcisista es tratar de que el narcisista vea la lógica. No se puede usar la lógica cuando un narcisista quiere empezar una discusión. Ellos realmente disfrutan cuando lo hace porque les permite usar sus técnicas para hacerle sentir mal acerca de sus puntos de vista, pensamientos y sentimientos. Saber cómo responder a ellos asegurará que puede dejar de permitirles tomar el control de estas situaciones.

Para ello, necesitará unas cuantas estrategias propias que le ayudarán a mantenerse firme cuando el narcisista intente atacarle verbalmente. Estas estrategias le permitirán mantener el control de sus propias emociones incluso cuando el narcisista trate de hacerle perder el control. Estas cinco afirmaciones pueden ser usadas siempre que sienta que el narcisista está tratando de tomar el control de usted.

1. **"Gracias por decirme cómo te sientes"**. Puede utilizar esta frase siempre que tenga una conversación con un narcisista, y ellos intenten culpar a otro. Esto le muestra que, aunque ha escuchado lo que han dicho, no va a permitir que le afecte emocionalmente. Después de hacer esta declaración, simplemente vuelva a concentrarse en lo que quería decir antes de que empezaran a culparlo por la situación.

Por ejemplo:

Stacy y Todd habían estado saliendo por unos meses. Stacy necesitaba hablar con Todd sobre cómo coqueteaba con otras mujeres cuando los dos salían en citas. Cuando Stacy se sentó a conversar con Todd, él se enojó.

"Estás demasiado celosa", su voz retumbó mientras intentaba hacerla sentir mal por sus propios sentimientos.

"Gracias por hacerme saber cómo te sientes", Stacy respondió con calma, "No aprecio la forma en que te comportas con otras mujeres cuando salimos juntos". Merezco más respeto del que tú me das, y tu comportamiento es inaceptable".

Como puede ver, Stacy no se puso a la defensiva como Todd esperaba. En su lugar, usó su estrategia para mantenerse tranquila y concentrarse en el asunto en cuestión. Se negó a permitir que Todd la controlara mientras intentaba echarle la culpa a ella.

2. "Quería que supieras cómo me siento". Todos estamos tentados de intentar asegurarnos de que el narcisista sepa cómo nos sentimos; esperamos que si empiezan a entender cómo nos hacen sentir, cambien su comportamiento. Pero no van a entender cómo se siente, ni les va a importar. Saben que quiere que entiendan el daño que están haciendo, pero como narcisista, se van a centrar en asegurarse de que solo obtenga lo contrario de lo que está pidiendo. Sin embargo, todos necesitamos ser capaces de expresarnos a nosotros mismos y a nuestros sentimientos. Decir, "Quería que supieras cómo me siento" le permite expresarse mientras mantiene el control emocional. Una vez que haga esta declaración, terminará la conversación allí mismo.

3. "Gracias por expresar tu opinión". Puede utilizar esta frase cuando el narcisista no deja de hablar de algo específico o cuando es obvio que solo están tratando de obtener una reacción suya. El uso de esta frase permite al narcisista expresar sus "sentimientos" como todos deberíamos ser capaces de hacer, pero también le muestra que no importa cuáles sean sus opiniones, no perderá el control de sus emociones. Cuando utiliza esta frase, no le dice que está de acuerdo con su opinión o le dice que su opinión está equivocada. En cambio, se asegura de no sentir el deseo de tener las mismas opiniones que el narcisista. Nunca tendrá las mismas opiniones que ellos, no importa cuánto traten de forzarlo a hacerlo.

4. "Siento que te sientas así". Puede utilizar esto cuando el narcisista comience a insultar o intente menospreciarle.

Por ejemplo:

Todd sabía que estaba perdiendo el control de Stacy. Ella había estado saliendo y haciendo nuevos amigos, haciendo cosas por su cuenta, y él podía sentir que su control se resbalaba.

"Tú eres la razón por la que tenemos tantos problemas en esta relación", se elevó sobre Stacy mientras la miraba con ira, "Si no fuera por ti, todos seríamos mucho más felices".

"Siento que te sientas así", respondió Stacy con calma. Ella sabía que ya no necesitaba su aprobación.

Verán, Stacy estaba empezando a entender que Todd haría cualquier cosa para mantener el control de la situación. Él estaba tratando de convencerla de que, si ella se esforzaba más para hacerlo feliz, la relación sería mejor. Stacy sabía que esta era solo una de las muchas técnicas que Todd usaba como narcisista.

Cuando responde de esta manera a los insultos de un narcisista, no permite que le afecten. En cambio, reconoce que están tratando de insultarlo, pero también entiende que es lo que piensan, no tiene nada que ver con quién es usted realmente.

5. "Tenemos dos opiniones diferentes sobre el asunto".

Estar de acuerdo en que los dos no están de acuerdo va a impedir que el narcisista pueda empezar una discusión. Esta frase va a impactar al narcisista porque han pasado mucho tiempo adiestrándolo, asegurándose de que pueden hacer que esté de acuerdo con cualquier cosa que digan. Puede que hasta este momento no se haya dado cuenta de que está de acuerdo con todo lo que dice el narcisista; puede que se haya encontrado explicando de más sus puntos de vista u opiniones, y la razón de esto es porque en el fondo, siente que necesita que aprueben lo que usted piensa. Cuando no lo aprueban, simplemente cambia sus opiniones.

El uso de estas frases le permite mantener la calma y pensar con mayor claridad. Cuando permite que un narcisista lo perturbe emocionalmente, no es capaz de pensar claramente en la situación. El narcisista cuenta con que esto suceda porque sabe que, si puede evitar que piense con claridad, será capaz de mantener el control sobre usted.

Una cosa extraña sucede cuando un narcisista puede conseguir que se frustre emocionalmente. Cuanto más frustrado se sienta, más tranquilo se sentirá el narcisista. Esto puede hacerle sentir como si estuviera perdiendo la cordura. Por otro lado, cuando utilice estas frases, lo que encontrará es que cuanto más tranquilo esté, más frustrado se sentirá el narcisista.

Ninguna de estas frases se usa para calmar al narcisista o para hacerlo feliz con la forma en que van las cosas. Estas frases le ayudarán a ser feliz, y le ayudarán a tomar el control de su vida lejos del narcisista para que pueda vivir su mejor vida.

Debe estar preparado para la forma en que el narcisista va a reaccionar cuando utilice estas frases. Cuando utilice estas frases, el narcisista se dará cuenta de que ya no es capaz de proyectar lo que es sobre usted. Esto le causará mucha angustia, y ellos van a retroceder.

Cuando esté hablando con un narcisista, ya sea que tenga una relación con él o no, va a querer asegurarse de que le haga saber que no le asusta. Una de las técnicas más comunes que un narcisista usará es intimidar a su víctima. Tratan de intimidarlo para que haga lo que ellos quieren. Pregúntese: "¿Qué es lo peor que pueden hacer?". Lo más probable es que se dé cuenta de que lo peor de ellos es mucho mejor que lo que usted ha estado lidiando.

Ejemplo:

Todd estaba al final de su ingenio. Sabía que tenía que controlar a Stacy, pero hasta ahora, no había podido hacerlo. ¿Qué le había dado de repente este poder para enfrentarse a él? Él sabía a qué le temía, y sabía exactamente lo que iba a hacer.

"Tomé una decisión", Todd entró en la cocina, regresando a casa del trabajo.

Stacy se dio vuelta, mirándolo mientras la cena se cocinaba a fuego lento en la estufa.

"En serio", Stacy levantó una ceja, preguntándose qué técnica iba a probar a continuación.

"Voy a darle una semana", respondió Todd, con el pecho hinchado, "Si las cosas no cambian, entonces me voy".

Stacy había leído acerca de las amenazas. Ella pensó por un momento. ¿Qué es lo peor que podría pasar? Se iría, encontraría una nueva víctima, y ella se quedaría para empezar a curarse de todo el abuso.

"Hmm", Stacy asintió con la cabeza mientras se volvía hacia la estufa.

"¿Qué significa eso?". La voz de Todd se estaba volviendo más fuerte. ¿Por qué no le rogaba por una segunda oportunidad? ¿Por qué no estaba molesta con sus amenazas?

"Supongo que, si eso es lo que quieres, es tu decisión". Stacy revolvió la comida, asegurándose de que no se quemara. Podía sentir la ira que se acumulaba en Todd mientras estaba detrás de ella. Se negó a reaccionar. Claro, ella lo amaba. Se le rompió el corazón cuando se dio cuenta de que no era más que otra víctima para él. Pero había decidido que iba a ser feliz en la vida y no iba a permitir que él le quitara su felicidad.

Stacy realmente estaría mejor si Todd siguiera adelante con sus amenazas. La mayoría de las veces, esto nunca sucede, al menos hasta que el narcisista se da cuenta de que ha perdido todo el control. Sin embargo, el narcisista no es de los que se rinden. La mayoría de las veces, es la víctima la que debe mantenerse fuerte y terminar la relación.

Una cosa que hay que mencionar sobre las amenazas es que, si son amenazas de violencia o si el narcisista amenaza su vida, debe contactar con las autoridades y obtener ayuda de inmediato. Con demasiada frecuencia, las personas no se toman estas amenazas en serio hasta que el narcisista las cumple. Estos narcisistas suelen ser narcisistas con tendencias psicóticas.

Puede utilizar la lógica cuando hable con un narcisista, hasta cierto punto. No podrá utilizar la lógica para hacerles cambiar de opinión sobre algo, pero utilizar la lógica para cuestionar lo que dicen funciona muy bien.

Ejemplo:

Stacy y Todd se sentaron a la mesa. A Stacy le encantaba cocinar y había hecho una hermosa cena para que los dos compartieran. Ella sonrió a su obra mientras miraba su plato.

"Sabes, tal vez si no comieras tanto, podrías perder un poco de peso, y yo me sentiría más atraído por ti". Todd lo estaba intentando de nuevo. Iba a hacer todo lo posible para mantener el control sobre ella.

"¿Sabes que peso 105 libras, lo que está dentro de mi zona de peso saludable?". Stacy sonrió mientras se metía un enorme tenedor de comida en la boca.

¿Qué iba a decir Todd?

"Bueno, creo que te ves gorda", murmuró, frunciendo el ceño.

"Siento que te sientas así". Stacy respondió mientras continuaba disfrutando de su comida.

Stacy pudo mantener la calma mientras usaba la lógica para bloquear los ataques de Todd. Él tenía la intención de causarle dolor, pero Stacy se aseguró de que no sucediera. Incluso si no hubiera sabido que Todd quería hacerle daño, saber que tenía un peso saludable para su estatura le permitió bloquear su ataque que muchas personas habrían sufrido profundamente. Muchas veces, el narcisista simplemente cambia de tema cuando la víctima responde lógicamente. Recuerde, no puede responder lógicamente si no puede pensar claramente, y no puede pensar claramente si permite que el narcisista lo ponga nervioso.

Nunca permita que el narcisista tome una sola decisión por usted. Incluso algo tan pequeño como comer una comida específica que ellos sugieren les dará una sensación de control. En lugar de eso, simplemente diga, "En realidad, quiero esto..." mientras mantiene la calma. Haga lo que dijo que quería hacer y no lo que el narcisista le sugirió que hiciera.

En el mismo sentido, nunca debería permitir que un narcisista le dé órdenes. Usted no es el servicio contratado, y no debe ser tratado como tal. Si encuentra que el narcisista en su vida le está ladrándole órdenes en vez de preguntarle, podría decir algo como, "Claro, me encantaría si me lo pidieras amablemente". Cuando hace esto, no solo va a escandalizar al narcisista, sino que va a forzarlo a cambiar su comportamiento. Cada vez que el narcisista empiece a hacer demandas, simplemente repita la frase y hágale saber que no va a suceder a menos que aprenda a pedirlo amablemente. Si le exigen algo que no quiere hacer, simplemente dígale que NO.

Aprender a decir que no sin sentir la necesidad de explicarse va a causar al narcisista mucha angustia. Los narcisistas no quieren que nadie les diga que no, pero cuando alguien lo hace, esperan una muy buena explicación para ello. Usted, sin embargo, no le debe una explicación cuando dice que no. Ni siquiera debería intentar dársela, porque normalmente intentan tergiversar lo que ha dicho para que se sienta mal. No le dé la oportunidad de hacer esto.

Aunque nada va a detener el comportamiento del narcisista, utilizar las técnicas que ha aprendido en este capítulo le permitirá bloquear su comportamiento para que no le afecte. Lo que es más importante es que ellos van a ver que no les va a permitir que lo victimicen, y aunque eso los volverá locos, por lo general se aburrirán y buscarán una nueva víctima.

Capítulo ocho: Tratando con un narcisista

A veces tenemos narcisistas en nuestras vidas de los que podemos alejarnos muy fácilmente. A veces puede ser difícil o casi imposible alejarse. A veces el narcisista en nuestras vidas es un compañero de trabajo o un miembro de la familia. A veces son nuestros padres.

Aunque no siempre puede alejarse de todos los narcisistas de su vida, puede aprender a tratar con un narcisista para traer paz a su vida.

No todos los narcisistas son abusivos. Sin embargo, si está en una relación abusiva con un narcisista, estas técnicas pueden no funcionar. En lugar de tratar con el narcisista, necesita comenzar a concentrarse en lo que le hace quedarse. ¿Por qué continúa sometiéndose al abuso a manos del narcisista? No importa si es mental, emocional o físico, cualquier tipo de abuso es abuso, y no tiene que aceptar que lo traten de esa manera. Por favor, alerte a las autoridades de lo que está pasando y busque ayuda profesional para que pueda hacer frente al daño que se ha hecho. Recuerde, el abuso que el narcisista le ha infligido no es su culpa. Ellos son responsables de sus acciones, y nada de lo que pueda hacer o decir hará que esté bien que alguien abuse de usted.

Antes de comenzar a aprender a tratar con un narcisista, primero tenemos que comenzar a hablar sobre la negación. Todos podemos detectar la negación cuando la vemos. Vemos a las personas todo el tiempo viviendo en la negación, sin querer enfrentar la verdad. Un narcisista estará en la negación sobre ser un narcisista. El grado de negación que tengan en ese momento afectará lo bien que funcionen las técnicas de las que hablaremos. Si el narcisista está profundamente en negación, estas técnicas pueden no funcionar tan bien como lo harían si solo hubiera un poco de negación.

¿Cómo puede determinar esto?

¿Puede el narcisista admitir que hay un problema? Algo tan simple como admitir que su vida no es lo que ellos esperaban que fuera puede proporcionarle alguna esperanza. Muchas personas no creen que un narcisista pueda admitir que hay un problema, pero la verdad es que muchos de ellos han buscado algún tipo de terapia para ayudarles a entender lo que está pasando. Estos son narcisistas vulnerables, y puede aprender a cómo tratar con ellos.

Cuando se trata de un narcisista, hay que ser consciente de la manipulación. Ya sabemos que los narcisistas son grandes manipuladores, lo que significa que pueden convencerle de que están cambiando, que están interesados en cambiar, o que saben que hay un problema... pero solo si piensan que se van a beneficiar de ello. Por supuesto, no todos los narcisistas llevarán las cosas tan lejos. Sin embargo, los que están dispuestos a hacerlo son muy peligrosos porque pueden hacerle creer que están dispuestos a cambiar y pasar por todas las resoluciones, engañándole completamente.

También debería determinar si están dispuestos a cambiar. Solo porque tenga un profundo deseo de que cambien no significa que ellos tengan el mismo deseo. La mejor opción sería que ellos vean a un terapeuta. ¿Están dispuestos a dar ese paso para cambiar? La mayoría de las personas que quieren cambiar están dispuestas a hacer lo que sea para ver que el cambio se produzca en sus vidas. ¿Lo están ellos?

También es importante que se mire bien a sí mismo. ¿Está muy enfadado con ellos? El narcisista probablemente ha pasado mucho tiempo denigrándolo o insultándolo. Puede que hayan hablado abiertamente sobre lo atractivo que encuentran a otras personas en sus vidas. Es posible que si está en una relación con un narcisista que le haya engañado. Cuando nos enfrentamos a todo esto, nuestro instinto natural es asegurarnos de que estamos protegidos de cualquier daño que puedan hacer. Muchos de nosotros terminamos usando una armadura completa siempre que estamos cerca de esa persona para asegurarnos de que no importa lo que digan, no sufrimos dolor.

Cualquiera que haya tenido que tratar con narcisistas en su vida tomaría medidas para protegerse, y eso es completamente comprensible. El problema con esta armadura completa es que puede evitar que los narcisistas en nuestras vidas vean el daño que están haciendo. Son incapaces de ver lo triste que está, que están causando miedo, o que los ama. Se ha desprendido completamente de ellos y de la situación como un medio para protegerse.

¿Puede remover algo de esa armadura y permitir que el narcisista sepa cómo se siente? Si dicen algo hiriente o degradante, con calma háganle saber exactamente lo que han hecho y cómo le ha hecho sentir. Comience con un positivo, "Significas mucho para mí". Luego dígale cómo se siente, "Cuando me dices cosas así, me hace sentir que no valgo nada y que no te importo en absoluto".

Los estudios han demostrado que cuando las personas en una relación aprenden a expresarse de esta manera, su relación se repara mucho más a menudo de lo que fracasa, y en realidad es más fuerte que nunca.

El enojo no es lo único que tiene que chequear, sino que también es necesario entender cómo está respondiendo el narcisista. ¿Le responde con silencio? Es muy fácil para nosotros enojarnos por los comentarios transigentes que hace un narcisista; sin embargo, una vez que lo han desintegrado, sus comentarios a menudo lo llevan a cerrarse. ¿Con qué frecuencia se está cerrando? Puede que descubra que pasa horas y horas sin decir una sola palabra. Si desea que las cosas mejoren, va a tener que aprender a hablar alto. Encuentre su voz.

Cuando una persona se retira al silencio, está usando sus habilidades para lidiar con la tristeza o el miedo que la otra persona le ha causado; esto es un impulso natural. A veces, sin embargo, tenemos que aprender a luchar contra estos impulsos naturales y hablar de cómo nos sentimos. Hablar es extremadamente importante porque el narcisista va a tomar su silencio como una aceptación de su comportamiento o de las palabras que le han dicho. Cuando le diga cómo le están haciendo sentir, le obligará a escuchar el dolor que le están causando, tanto si quieren responsabilizarse de ello como si no.

Es importante que sea honesto consigo mismo, también. Si ha tratado de abrirse a los narcisistas y si ha tratado de explicarles que le están causando dolor, pero se niegan a cambiar, ha hecho todo lo que está en su poder, y debe aceptarlo.

Si usted elije permanecer en una relación con la persona, va a tener un precio muy alto. Sea honesto consigo mismo cuando se haga estas dos preguntas:

1. ¿Me quedo en esta relación porque siento que está haciendo todo lo posible para cambiar?

2. ¿Me quedo en esta relación porque tengo miedo de que sea demasiado difícil para mí dejarla?

El narcisista puede querer cambiar de verdad, pero eso no significa que tenga que seguir soportando el mismo dolor una y otra vez. Puede retirarse de la situación y elegir ser feliz.

Los narcisistas tienen una forma de meterse bajo nuestra piel. Respondemos naturalmente empujándolos o alejándonos de ellos. Eso es exactamente lo que quieren. Es este caos y drama del que se alimentan. Cuando usted le permite ver lo que están haciendo, el daño que están causando, usted le permite no solo escucharlo, sino también cambiar. Si no son capaces de entender su dolor, lo más probable es que nunca lo hagan. Es triste, y puede ser muy difícil, pero tiene que cuidar de sí mismo, y a veces esto significa poner fin a la relación.

Tenemos opciones cuando estamos tratando con un narcisista. La primera opción es eliminar a la persona de su vida.

En las relaciones íntimas

1. Solo deje de tratar de entenderlos, deje de aceptar su comportamiento, deje de permitir que se aprovechen de usted, y sáquelo completamente de su vida. La mayoría de las personas le dirán que la mejor manera de tratar con un narcisista es sacarlo de su vida por completo. Eso puede ser cierto para algunos, pero no tiene que ser cierto para todos. Sin embargo, un narcisista va a hacer todo lo que pueda para asegurarse de que cada momento de su vida sea dedicado a servirles de alguna manera. Nadie merece vivir de esa manera.

Si siente que está atrapado en una relación con un narcisista, puede ponerle fin. No debería sentir vergüenza cuando se trata de terminar una relación en la que tiene que soportar el abuso de un narcisista. Nadie tiene el derecho de abusar de usted de ningún modo, forma o manera, y no tiene que continuar con la relación.

2. No le permita al narcisista violar sus límites. Si lo han hecho en el pasado, es hora de que vuelva a construir esos límites y le deje muy claro que no le permitirá violar los límites de nuevo.

Aunque lo mejor que puede hacer es eliminarlos de su vida, cuando no es posible, como cuando son su familia, puede decidir que quiere distanciarse de ellos. Habrá momentos en los que no puede distanciarse del narcisista. Por ejemplo, si su jefe es el narcisista con el que tiene que tratar, no podrá alejarlo de su vida o distanciarse de él. Puede elegir cambiar de trabajo; por ahora, sin embargo, asumamos que va a permanecer en su trabajo.

Si su jefe es el narcisista con el que está tratando, tendrá que ser capaz de separar la vida laboral de la vida familiar. Incluso si la persona no es su jefe, sino solo alguien con quien trabaja, debe asegurarse de no dejarle saber nada sobre su vida fuera del trabajo. Cuando los narcisistas en el trabajo comienzan a aprender sobre nuestra vida hogareña, comienzan a recolectar información sobre nosotros que pueden usar en nuestra contra más tarde. Mantener sus límites va a valer la pena porque puede ahorrarle muchos dolores de cabeza en el futuro.

3. La honestidad es la mejor política. Los narcisistas son profesionales de los juegos. Como son tan buenos en estos juegos, puede sentirse tentado a seguir sus juegos. ¡No le siga la corriente! Su comportamiento dañará su vida o su trabajo. Si se comportan de manera inaceptable, asegúrese de hacérselo saber. Si es posible, aléjese de la situación. Si el narcisista es su jefe o alguien con quien trabaja, hágale saber que su comportamiento no es aceptable y luego vuelva a concentrarse en lo que necesitaba de ellos en primer lugar.

Cuando les reclame y les haga saber que su comportamiento no es aceptable, no cambiarán lo que hacen o el hecho de que son narcisistas, pero reducirá la negatividad cuando tenga que interactuar con ellos.

4. Cuando evalúe la situación, asegúrese de ser honesto consigo mismo sobre lo que realmente está pasando. Todos se comportan egoístamente en ocasiones, pero no todos son egoístas. Cuando una persona es narcisista, no se comporta egoístamente en ocasiones, pero son personas egoístas. Nunca debería asumir que alguien es un narcisista simplemente porque se ha comportado egoístamente una o dos veces. Recuerde, la persona podría simplemente estar teniendo un día terrible, o puede haber salido de una terrible relación en la

que fue abusado, y ha decidido tomarse un tiempo para ponerse en primer lugar.

5. Niéguese a participar en el drama del narcisista. Los narcisistas son vampiros emocionales. Para que se alimenten, tienen que provocar un drama. Nunca debe reaccionar a su comportamiento, no importa cuánto se intensifique. Nunca le preste atención a su comportamiento. Cuanta más atención le preste a su comportamiento, más se intensificará. Harán lo que sea para asegurarse de que los esté cuidando. Una vez que le hayan chupado la sangre, le echarán a un lado y encontrarán una nueva víctima de la que alimentarse. Harán todo lo que esté a su alcance para hacerle creer que todo lo malo que sucede es completamente culpa suya. Ser culpado puede hacer que usted pierda la calma si lleva sus sentimientos a flor de piel.

Cuando usted reacciona al comportamiento de un narcisista, le está comunicando que va a tolerar su comportamiento. Todo el mundo tiene un mal día de vez en cuando, y todos necesitarán el apoyo de sus amigos de vez en cuando. Sin embargo, cuando alguien tiene un mal día todos los días y necesita apoyo constante de usted, la relación podría ser tóxica. Si la persona tiene rasgos narcisistas y le pide constantemente su apoyo, debe protegerse y asegurarse de no involucrarse en su drama.

6. Responda cortésmente al narcisista. La agresividad pasiva no suele ser algo recomendable, pero cuando se trata de un narcisista, esta podría ser su mejor opción. Cuando comiencen a insultarle, a menospreciarle y luego a actuar como si le estuvieran haciendo un favor al hacerle saber todos sus defectos, todo lo que tiene que hacer es sonreír y decir: "Gracias". O díganle que usted aprecia su consejo. Aunque la verdad es que no aprecia lo que le están diciendo, lo que le está mostrando es que no va a permitir que sus palabras le molesten a usted o a su vida. Un narcisista utiliza insultos y

humillaciones como una forma de hacerle sentir inferior a ellos. Aumenta su sentido de superioridad, y si obtienen una reacción dramática de su parte, pueden alimentarse de la negatividad. Cuando le responda cortésmente, se aburrirá de usted y empezará a buscar otra víctima.

En las relaciones familiares

Estar en una relación íntima con un narcisista es una cosa, pero cuando son parte de su familia, es algo totalmente distinto. Ha estado expuesto a su comportamiento toda su vida, y no tiene forma de eliminarlos de su vida. Sin embargo, hay cosas que puede hacer para ayudarle a tratar con el narcisista con el que está relacionado.

1. Acepte que son unos narcisistas y siga adelante con su vida. Tiene que aceptar el hecho de que no va a ser capaz de arreglar o curar al narcisista. El narcisista nunca se convertirá en la persona que espera que sea. Solo va a seguir causándole dolor. Distanciarse de la persona es el mejor lugar para empezar. Esto le permitirá comprender que no puede cambiarlos.

2. Tal vez quiera llamarlos y decirles que son narcisistas, pero lo más probable es que esto sea contraproducente y solo empeore las cosas. Cuando le dice a alguien que es un narcisista, probablemente lo esté haciendo para intentar que deje de hacer lo que está haciendo. Sin embargo, un narcisista no es capaz de reflexionar sobre su comportamiento. En lugar de dejar de hacer lo que está haciendo, va a decidir que su objetivo es demostrar que está equivocado. Se van a convencer de que usted es la persona que tiene el problema. Decirle a alguien que es un narcisista va a causar problemas en su relación, y puede darle incluso más de una razón para hacer su vida miserable. No se detendrán hasta que se disculpe por lo que ha dicho y admita que es usted quien tiene el problema.

3. Las personas narcisistas tienden a sentir que el mundo entero les ha hecho mal. Creen que todo el mundo les trata injustamente. También creen que no se les está dando el respeto que merecen. El narcisista no puede ver cómo su comportamiento hace que las personas los eviten o los critiquen. Si tiene un familiar que siempre se queja de lo dura que es su vida y de que nunca tienen una oportunidad justa, no se alimente de su negatividad. En vez de eso, dígale, "Odio que te sientas así. Tal vez deberías poner tu energía en otra cosa. Siempre tienes una opción en la vida". Puede terminar diciéndole buena suerte.

Hacer esto también puede ayudarle a recordar que usted tiene opciones en la vida también. Puede elegir distanciarse del narcisista o limitar la cantidad de tiempo que pasan juntos. Si no puede alejarse, una buena idea sería traer a otra persona cuando tenga que estar cerca del narcisista. Tener a una tercera persona que presencie su comportamiento suele ayudar a reducir el comportamiento.

4. Encuentre a alguien que le apoye. La mayoría de las veces, cuando una persona está tratando con un narcisista, su autoestima comienza a desmoronarse debido a todas las críticas, humillaciones e insultos. Cuando ha sufrido tanto abuso, va a necesitar un poco de apoyo extra. Puede obtenerlo yendo a terapia, de otros miembros de su familia y de sus amigos. Sea abierto sobre sus experiencias; nunca debe avergonzarse de ser víctima de un narcisista.

En el lugar de trabajo

Todas estas técnicas son muy buenas para usar si está en una relación con un narcisista o si está relacionado con un narcisista. Pero la mayoría de ellas no serán de mucha ayuda si trabaja con el narcisista o si el narcisista es su jefe. No se preocupe; hay cosas que puede hacer para tratar con un narcisista en el lugar de trabajo.

- Asegúrese de tener todo por escrito cuando esté tratando con un narcisista en el trabajo. Si intentan darle instrucciones verbales, pida que le envíen las instrucciones por correo electrónico. Asegúrese de que puede documentar todo lo posible. Puede pedir que se lo envíen por correo electrónico "para que no lo olvide". Puede imprimir estos documentos, asegurándose de incluir la hora y la fecha en que los recibió. Si empiezan a causar problemas en el trabajo o afirman que le dijeron que hiciera una cosa cuando en realidad le dijeron que hiciera otra, tendrá documentación para probar lo que realmente sucedió.

- No pelee nunca con ellos. Evite pelear tanto como sea posible cuando esté en el trabajo. Un narcisista en el trabajo hará lo que sea para causarle problemas, y eso podría incluir hacer que lo despidan. No les permita que le causen problemas. Un narcisista va a buscar su debilidad y explotarla. Encontrará cualquier cosa que sea sensible y la usará en su contra. Por ejemplo, si han visto una foto de sus hijos sentados en su escritorio, y usted los hace enojar, pueden asegurarse de que los escuche teniendo una conversación sobre lo terrible que es usted como padre. Saben que cuando empiecen a cuestionar las cosas que ama en la vida o sus roles más importantes, usted reaccionará. Usarán esa reacción para comenzar a causarle problemas.

- Recuerde que el ataque no es personal. Puede parecer muy personal cuando una persona del trabajo le ataca, pero recuerde que un narcisista atacará a cualquiera en el trabajo cuando perciba que esa persona es mejor que ellos. Están atacando debido a sus propias inseguridades personales. Cuando sepa esto, le será más fácil alejarse del drama que están tratando de causar.

- El narcisista puede venir y decirle que quiere hablar con usted en privado. Si lo hacen, necesita asegurarse de que no permitirá que suceda. Asegúrese de traer un testigo con usted.

Esto ayudará a asegurar que el narcisista piense dos veces sobre lo que planea decirle y maltratarlo. Cuando tiene un testigo, también significa que, aunque el narcisista puede intentar ir a su superior y decirle mentiras, usted tendrá a alguien que podrá respaldar su versión de los hechos.

• Evite el contacto con la persona en la medida de lo posible. Evitarlo puede ser la más difícil de todas las técnicas. Sin embargo, es la mejor para usar si quiere asegurarse de no quedar atrapado en sus juegos. Si tiene que interactuar con la persona mientras está en el trabajo, asegúrese de atenerse a los hechos. Obtenga exactamente lo que necesita de ellos o proporcióneles lo que necesitan y termine la interacción lo más rápido posible.

• Puede hablar con su jefe sobre el narcisista si es alguien con quien tiene que trabajar regularmente, o puede hacer una visita a recursos humanos. Algunas personas pueden llegar a solicitar un traslado debido al abuso que sufren a manos de un narcisista en el trabajo. No tiene que permitir que este comportamiento continúe. Puede que descubra que se han hecho otros informes sobre esta persona, o puede que sea el primero. Si descubre que es la primera persona en hacer un informe sobre el narcisista que lo maltrata, es probablemente porque tienen a todos los demás demasiado asustados para hablar. Sea esa voz que se necesita para decirle al narcisista que su comportamiento no está bien.

• No permita que el narcisista tenga la satisfacción de saber que le están afectando. No reaccione a su abuso o trate de atacarlos en represalia. Si el narcisista piensa que no le están causando dolor o drama en su vida, es probable que pase a la siguiente víctima. Si pueden ver que le están causando problemas en el trabajo o en la casa, continuarán con su comportamiento. Cuando un narcisista no puede obtener una respuesta de alguien, rápidamente se aburre de esa persona y se ve obligado a encontrar un objetivo diferente. Recuerde que no ha hecho nada para justificar este tipo de abuso, y no tiene que permitir que le afecte.

Recuerde que el acoso de cualquier tipo es una violación de sus derechos como empleado, incluso si la persona que le acosa es su jefe. Puede visitar el sitio web de la EEOC si necesita ponerse en contacto con abogados laborales para discutir su caso.

Antes de que decida hablar con un abogado laboral, puede considerar seguir la cadena de mando. Si la persona que lo está acosando es su jefe, considere hablar con ese jefe. Denuncie el acoso, asegurándose de tener documentación que respalde sus reclamos, así como testigos. Recuerde, el objetivo del narcisista es hacer que le disguste tanto su trabajo que lo deje. Se sienten amenazados por su presencia en el lugar de trabajo, y están haciendo todo lo posible para eliminar esa amenaza. No le permita esa satisfacción. No le permita tener éxito.

Aunque sería maravilloso si pudiésemos evitar a los narcisistas, no todos podemos. Puede estar relacionado con el narcisista, o en una relación con ellos o puede trabajar con ellos. Usando las técnicas que hemos repasado en este capítulo, puede reducir el daño que el narcisista hace en su vida. Puede recuperar el control del narcisista.

Si ha sido víctima de un narcisista en el lugar de trabajo, debería considerar hablar con un terapeuta. Ser víctima de cualquier tipo de abuso es perjudicial, y es beneficioso tener a alguien a su lado que sepa cómo ayudarle a recuperarse.

Capítulo nueve: Por qué amamos a los narcisistas (¡y cómo evitar enamorarnos de ellos!)

Ya sabe que los narcisistas son tóxicos. Sabe que son arrogantes, egocéntricos y manipuladores. Sin embargo, continúa enamorándose de ellos. Los estudios han demostrado que, aunque sabemos que el narcisista es malo para nosotros, nos atrae su personalidad, el hecho de que pueden tomar el control de cualquier situación, e incluso podemos ser atraídos por su hostilidad.

Cuando miramos a un narcisista, vemos a alguien que es fuerte y franco; lo vemos como alguien encantador, interesante, y el alma de la fiesta. Por supuesto, eso es lo que quieren que

veamos cuando los conocemos por primera vez.

Los narcisistas son extremadamente populares, mucho más que otras personas. Su sentido de la autoridad es muy apreciado. Son vistos como líderes por aquellos que los rodean. El tono de voz que usan puede atraerle hacia ellos, así como la forma en que han dominado sus movimientos faciales, y normalmente se encontrará atraído por su apariencia física.

Cuando conozca a un narcisista, lo más probable es que se sienta atraído por su habilidad para usar las expresiones faciales para parecer extremadamente confiado. No son solo sus expresiones faciales las que nos dan confianza, sino también la ropa que usan, su corte de cabello y su personalidad divertida.

Por supuesto, estas suposiciones se hacen a partir de las primeras impresiones que da el narcisista. Más tarde, cuando lo conocemos mejor, nos muestran quiénes son realmente. El narcisista cubrirá sus tendencias cuando lo conozca por primera vez para atraerlo y ganar su confianza.

Los narcisistas pueden prosperar en el ambiente de las citas porque se preocupan por su apariencia. Por supuesto, sabemos que un narcisista se preocupará demasiado por su aspecto, pero cuando comienza a salir con alguien, lo encuentra atractivo. La apariencia física de una persona tiene un gran impacto en si elegimos salir con ella. Vivimos en un mundo donde la apariencia es muy importante. Incluso las fotos simples que se publican en las redes sociales tienen que ser recortadas, y se añaden filtros antes de que permitamos que el mundo las vea. Debido a que encontramos que la apariencia física es tan importante, tendemos a ser más atraídos por las personas que se centran mucho en su apariencia física.

Los narcisistas son muy buenos para venderse a sí mismos. Saben cómo hacer que las personas los admiren y cómo hacerse ver bien. También puede encontrar que se siente atraído por ellos debido a su confianza. Aunque ya sabemos que esta confianza no es más que una máscara que lleva el narcisista, puede ser difícil determinar si es real o falsa al principio de la relación.

Todos los días los narcisistas comienzan su mañana mirándose en el espejo y diciéndose a sí mismos lo maravillosos que son. Toda esa práctica les ha permitido convencerse a sí mismos de que son los mejores, así que les resulta muy fácil convencerle de lo mismo.

Estos son solo rasgos menores cuando se trata de la razón principal por la que a un narcisista le va tan bien en el campo de las citas. Ser extrovertido y centrarse en la apariencia física es genial, pero lo que los narcisistas hacen que atrae a la mayoría de las personas es su adulación. Proporcionando a su víctima potencial cumplidos, regalos y atención, parece como si estuvieran enamorados de ellos. Cuando una persona parece tratar de crear una relación sana, puede ganarse la confianza de la persona con la que está saliendo.

Lamentablemente, lo que sucede la mayoría de las veces es que solo le están sondeando para obtener información. Puede parecer como si estuvieran tratando de aprender todo lo que puedan sobre usted; lo están haciendo. Están tratando de aprender todo lo que pueden sobre usted. Sin embargo, lo hacen para poder usarlo en su contra más adelante.

Puede comenzar a hacerles preguntas, desplazando el foco de atención hacia ellos, lo que va a frenarlos a la hora de recopilar información sobre usted, y le va a permitir determinar si la persona que está viendo es o no un narcisista. Si le dice, por ejemplo, que le gusta ir de excursión y le dicen que a ellos también les gusta, puede empezar a hacer preguntas sobre dónde les gusta ir de excursión, por qué lo disfrutan y así sucesivamente. Intente que sus preguntas sean lo más detalladas posibles porque así es como descubrirá si están mintiendo.

Es muy fácil que alguien le diga que le gustan las mismas cosas que a usted, pero cuando comienza a preguntarle sobre ello, puede descubrir que no está tan interesado como pretendía o que no sabe nada al respecto. Lo que muchas personas encuentran cuando comienzan a hacer preguntas a los narcisistas es que el narcisista es sorprendido con la guardia baja y de repente se siente menos atraído por ellos.

Cuando está en una relación, es tan importante que conozca a la persona que está viendo como que ella lo conozca a usted. Hacerles preguntas no debería ser algo que le haga alejarse de usted a menos que tengan una agenda oculta.

A medida que inicie una relación con una persona o que comience a salir con ella, debe asegurarse de no decirle nada acerca de su persona que no le diría a su jefe. Las personas tienden a compartir en exceso al principio de la relación, pero como ya sabe, el narcisista se centra en reunir toda la información que pueda para utilizarla en su contra más adelante. No solo esta información puede ser utilizada en su contra, sino que va a proporcionar al narcisista una sensación de intimidad que no existe entre ustedes dos.

En una relación, compartimos información personal sobre nosotros mismos en un intento de acercarnos a otras personas. Un narcisista usará esta técnica para acercarse muy rápidamente a su persona. En general, nunca es una buena idea que dos personas se acerquen muy rápidamente. El narcisista comenzará a compartir lo que consideraríamos información privada porque sabe que hay un impulso natural dentro de nosotros de compartir información que está al mismo nivel de lo que se ha compartido con nosotros. Saben que cuando se abren a las personas, podemos terminar abriéndonos a ellos también, proporcionándoles información que pueden tener sobre nuestras cabezas más tarde.

¿Alguna vez ha conocido a alguien, ha tenido una cita o dos, y de repente se ha encontrado en una relación sin entender cómo sucedió? Eso es lo que un narcisista hará. Se meterá en una relación desde el principio. Si le dicen que están preocupados de que vaya a romper con ellos o de que no vaya a quedarse, las señales de alarma deberían empezar a sonar. El narcisista usará esta técnica para conseguir que se tranquilice. Quieren saber que está demasiado desesperado para dejar la relación, incluso si es una mala relación.

Puede que le digan que tienen que dejar la ciudad pronto, en un intento de averiguar si está dispuesto a viajar o incluso a trasladarse a donde se van a trasladar. Recuerde que no tiene una relación seria con esta persona. La relación está en sus primeras etapas y no garantiza ningún tipo de compromiso con la persona. Los narcisistas son muy buenos aislando a las personas, y esto podría ser exactamente lo que están tratando de hacer. Al hacer que se mude a una nueva ciudad, se aseguran de que no tenga a nadie a quien acudir y que se quede con ellos. No le permita a la otra persona apresurarse cuando se trata del ritmo de la relación. Deje claro que va a moverse a un ritmo con el que se sienta cómodo.

Los narcisistas son famosos por el bombardeo de amor, lo que significa que derraman una gran cantidad de amor sobre usted para que haga lo que ellos quieren que haga. El narcisista es genial para hacerle sentir que le están cuidando. Le harán sentir que le adoran, pero la verdad es que lo que hacen no tiene nada que ver con cuánto le quieren. En cambio, tiene que ver con que el narcisista obtiene lo que quiere de usted usando técnicas que saben que funcionarán.

Si sospecha que la persona con la que tiene una relación está usando un bombardeo amoroso, comience a prestar atención a lo que está obteniendo de la situación. Dígale que le gustaría que fuera más despacio y que la relación va demasiado rápido para usted. Hágale saber que quiere tomarse el tiempo para conocerse antes de hacer planes para el futuro o de hacer promesas.

Vea cómo reacciona la otra persona. Si ellos respetan sus deseos, lo más probable es que sean realmente una buena persona y que estén muy entusiasmados con la relación. Por otro lado, si son narcisistas, continuarán usando el bombardeo amoroso para conseguir lo que quieren de usted.

Si la otra persona no se detiene, si continúa moviéndose a un ritmo con el que no se siente cómodo, sea muy firme y dígale que se detenga. Entonces aléjese de ellos. No regrese con ellos solo porque le prometan que irán más despacio. Le prometo que no lo harán.

No se deje atrapar por alguna fantasía; el narcisista puede parecerse al Príncipe Azul, pero no es más que un rompecorazones.

Otra técnica que un narcisista utilizará cuando está saliendo con ellos o en una relación con ellos es que querrán ocupar todo su tiempo. Querrán que se enfoque completamente en ellos. ¿Tener una hora de descanso para almorzar en el trabajo? Aparecerán. ¿Está pasando la noche en casa enfocándose en el autocuidado? Llamarán varias veces para saber qué está haciendo, incluso preguntando si tiene otras personas allí con usted. ¿Quiere salir con sus amigos por la noche? El narcisista se pondrá furioso, tratará de iniciar una pelea, e incluso aparecerá para darle una sorpresa. Harán lo que sea para evitar que pase tiempo con sus amigos y su familia.

Pero eso no es suficiente para el narcisista. No quieren que su atención se centre en ningún otro lugar que no sea en ellos. ¿Tiene pasatiempos? Cuando usted se involucra en una relación con un narcisista, ya no los tendrá más. ¿Quieres perseguir sus intereses? Cuando tiene una relación con un narcisista, no tiene tiempo para centrarse en sus propios intereses porque está demasiado ocupado asegurándose de que sean felices.

¿Cómo puede saber si la persona con la que sale es un narcisista? Dígale que va a ir al cine con sus amigos. Empezarán a hacer todo tipo de preguntas. ¿Con qué amigos vas a ir? ¿Qué película vas a ver? ¿A qué cine vas a ir? (lo más probable es que aparezcan con o sin que lo sepa). ¿Qué harás después de la película? Apagar el teléfono y ver cómo se vuelven locos. Es probable que cuando la película termine, y encienda su teléfono de nuevo, las notificaciones de ellos se vuelvan locas.

No conteste todas las preguntas que le hagan. En vez de eso, sea vago. "Oh, aún no hemos decidido qué película. ¿Qué cine? Hmm, se me olvida a cuál dijeron que íbamos a ir. ¿Qué amigos? Oh, solo algunos viejos amigos que conozco desde siempre, no los conoces". ¿Ve cómo funciona eso? Le ha dejado saber que ha escuchado su pregunta, pero también le ha mostrado que no va a responderle. Esto hará que un narcisista pierda la cabeza y no querrá tener ningún tipo de relación con usted.

El narcisista lo quiere todo para sí mismo. Cuando el narcisista pueda lograr la separación de todas las personas que le importan, podrá comenzar a controlarlo. Tener aunque sea solo una persona en su vida que se preocupe y a la que pueda recurrir, hace muy difícil que el narcisista tome el control de usted. Si está en una relación sana y amorosa, su pareja querrá que tenga amigos y pasatiempos propios. Ellos van a querer que haga cosas que lo hagan feliz.

A los narcisistas les encanta moverse rápidamente, y pueden tratar de mudarse con usted de inmediato. Si saben que no permitirá que se muden, pueden empezar a hablar de "pijamadas" muy pronto en la relación. Esto debería ser una gran bandera roja brillante.

Si está en una cita muy temprano en la relación y la otra persona empieza a hablar de quedarse a dormir en su casa esa noche, simplemente diga algo como, "Oh lo siento, tengo planes con mis amigos después de nuestra cita". Dígale que no puede quedarse en su casa. Es muy importante que lo haga. Un narcisista sabe que, si consiguen que viva con ellos, podrán tomar el control de toda su vida.

Cuando dos personas se mudan juntas demasiado rápido, no hay equilibrio en la relación. Usted pasa de ser soltero a sentirse como si estuviera atascado con esta persona por el resto de su vida. No hay tiempo para que la relación crezca; esto no es natural. Los humanos no quieren pasar todo el tiempo solos, por lo que tenemos el matrimonio en primer lugar. Sin embargo, cuando empiezan una relación seria pasando todo el tiempo juntos demasiado rápido, no permiten que la relación crezca de forma natural.

Una de las razones por las que tantas personas se mudan con alguien demasiado rápido es porque tienen una profunda necesidad de ser cuidadores. Resista esa necesidad de empezar a cuidar a esa persona que no conoce realmente. Si recién ha conocido a alguien o acaba de comenzar una nueva relación con él, no es su trabajo cuidarlo.

Es comprensible que sienta el deseo de hacerlo. El narcisista puede jugar con su simpatía. Puede que le diga que ha perdido su trabajo recientemente; que se ha quedado sin dinero y no va a tener un lugar donde vivir, o que no tiene a dónde ir desde que terminó su relación con su ex. Puede que le digan que su familia se niega a ayudarles, y que no tienen a nadie a quien recurrir.

Si la persona le dice que acaba de dejar una relación terrible y no tiene a nadie a quien recurrir, hágale saber que no será el segundo plato de nadie y que seguirá adelante con su vida. No querrá arriesgarse a salir lastimado por ser el clavo que saca otro clavo. Si le dicen que su familia no les ayudará, pregúntese por qué. Tal vez su familia sepa algo de ellos que usted desconoce.

Deje de luchar contra sus instintos. Si su instinto le dice que algo está mal, probablemente esté mal. Es natural que queramos ayudar a los oprimidos. Queremos recoger a los heridos y cuidarlos hasta que se recuperen. Queremos ayudar a que las personas vuelvan a estar sanas. Sin embargo, no es así como se crean las relaciones románticas sanas. Una relación romántica debe ser entre dos adultos que sean autosuficientes y puedan cuidarse por sí mismos. Si la persona con la que está saliendo no es capaz de mantenerse a sí misma, lo más probable es que no sea capaz de poner su peso en la relación. En cambio, se aprovecharán de usted y le arrojarán toda la responsabilidad.

A todo el mundo le gusta soñar con el futuro y hacer grandes planes, pero si apenas ha conocido a alguien o está empezando una relación con alguien y ya están hablando del futuro o de estar juntos el resto de sus vidas, tiene que poner el freno.

Declarar, "Nos estamos adelantando un poco a nosotros mismos aquí", es una buena manera de hacerlo. Si empiezan a hablar de mudarse, de tener una casa juntos o de pasar sus vidas juntos al principio de la relación, use esta frase para hacerles saber que no se siente cómodo hablando de estas cosas con ellos. Necesitan entender que no los van a empujar a algo para lo que no están preparados.

El objetivo de las citas es encontrar a alguien con quien pueda tener una relación a largo plazo, pero eso no significa que tenga que empezar a hacer estos planes desde el principio. Si lo hace, el narcisista va a usar esto en su contra más adelante cuando quiera terminar la relación. "Esto es lo que querías. Te di exactamente lo que pediste, y ahora nos dejas".

Cuando tenga una cita, mire cómo tratan a los demás. ¿Su cita se pasa toda la noche menospreciando al personal del restaurante? ¿Avergüenzan a la camarera o parecen disfrutar haciendo que los demás se sientan mal consigo mismos? ¿Cómo se sentiría si la persona con la que tiene una cita le tratara como trata a la gente que le rodea? Si tienden a tratar a otras personas de una manera que les hace sentir menos importantes, puedo asegurarle que van a hacer lo mismo con usted en algún momento de la relación.

Encuentre a alguien que sea amable con otras personas. Preste atención a cómo la persona con la que está trata a las camareras o cajeros. Si son respetuosos y amables con estas personas, probablemente sean una buena persona, y serán respetuosos y amables con usted también.

Conocer a un narcisista, ser bombardeado por el amor, y ser víctima de ellos puede suceder tan rápidamente que muchas personas ni siquiera se dan cuenta de que está sucediendo. Sin embargo, usando estas técnicas, puede ser consciente desde el principio de la relación con qué tipo de persona está saliendo.

Va a protegerse de cualquier abuso o dolor a manos de un narcisista en el futuro. Será capaz de asegurarse de no volver a ser víctima de un narcisista nunca más, y eso es una gran noticia. La mala noticia es que, aunque le guste la forma en que una persona se retrata a sí misma, puede descubrir que en realidad es un narcisista, tratando de aprovecharse de usted, y terminará teniendo que alejarse de la relación.

Aunque esto no es divertido, es mucho mejor que convertirse en la víctima de un narcisista abusivo.

Capítulo diez: Los temores secretos de un narcisista

Los narcisistas se esfuerzan mucho en hacer creer a los demás que son muy confiados y exitosos. El narcisista puede actuar como si fuera superior a todos los demás. Se jactan de los grandes que son y prosperan con la atención que reciben. Creen que son especiales porque solo las personas más importantes reciben este tipo de atención. El narcisista no cree que nadie más merezca el tipo de atención que reciben. Las personas ordinarias simplemente no son dignas de ello. Para el narcisista ser especial significa que no son ordinarios. No son como los demás.

En el fondo, el narcisista es en realidad muy frágil. Tiene miedos que intenta esconder de todos los que le rodean. Conociendo estos miedos, puede usarlos contra el narcisista para asegurarse de que no se convierta en su próxima víctima. Si ya es víctima de un narcisista, puede usar esos miedos para hacer que pierdan interés en usted.

1. El narcisista tiene defectos. Los narcisistas creen que son perfectos, y quieren que todos los demás también lo crean. Por eso cuando algo negativo sucede, culpan a otras personas. No quieren que nadie los perciba como algo más que perfectos. Si no fueran perfectos, no serían especiales, y no

quieren ser conocidos como ordinarios. Los narcisistas no querrán admitir que, por ser humanos, cometerán errores y tendrán imperfecciones. No quiere admitir que experimenta dudas en sí mismos porque esto podría hacerles parecer débiles.

Un narcisista se ofenderá por las simples verdades que afectan a todos los humanos, como que todos tienen limitaciones, todos sufren pérdidas en algún momento de sus vidas, nadie puede hacerlo todo por sí mismo, todos tienen defectos, y nadie es perfecto. El narcisista está constantemente en guardia, asegurándose de que están preparados para cualquier cosa que pueda suceder para hacerlos parecer menos que perfectos. Harán todo lo posible para asegurarse de que nadie vea sus defectos.

Aunque esto puede parecer una tarea agotadora, el narcisista simplemente proyectará cada defecto que tenga en la gente que le rodea. Lo irónico de esta situación es que una persona que es lo que el narcisista definiría como superior nunca necesitaría construirse a sí misma menospreciando a otras personas.

Saber que el narcisista está aterrorizado de que sus defectos se revelen puede ser muy liberador. Saber a qué le temen puede ayudarle a entender por qué se ha desencadenado su rabia.

2. A los narcisistas les aterroriza estar en una relación real. Esto no quiere decir que un narcisista no tenga una relación, sino que no se comprometerá con una relación. Ya ha aprendido que un narcisista no bajará la guardia. Cuando usted entra en una relación real, o cuando elije comprometerse en una relación, bajar la guardia es una necesidad. Estar en una relación comprometida significa que tiene que dejar que la otra persona vea quién es en realidad. Un narcisista no puede hacer esto.

Un narcisista sabe que, si permite que alguien se acerque demasiado a él, sus inseguridades quedarán expuestas. Sabe que la persona con la que tiene una relación va a aprender todos sus secretos, y un narcisista no puede permitir que eso suceda.

3. La autorreflexión es una parte muy importante de la mejora de sí mismo, pero esto es algo en lo que un narcisista no puede participar. Los narcisistas están en negación sobre quiénes son realmente, y uno de sus mayores temores es tener que enfrentar eso. El narcisista quiere creer que es perfecto, pero sabe que si practica la autorreflexión, van a tener que enfrentarse a sus defectos, inseguridades y otros asuntos con los que no quiere lidiar.

4. Mientras que un narcisista puede lanzar insultos uno tras otro, no puede soportar que lo insulten. Los narcisistas pueden pasar todo el día criticando a otras personas, pero cuando esta crítica se vuelve contra ellos, no pueden soportarla. La mayoría de los narcisistas no tienen tanta confianza y autoestima como quieren que creas. De hecho, sus egos son muy frágiles. Debido a esto, cuando son insultados, los devasta y cobra un gran precio en su ya baja autoestima.

5. Un narcisista no experimenta culpa cuando hiere a otra persona; por lo tanto, esto no es una preocupación para ellos, sino que lo que temen es la vergüenza. La vergüenza que el narcisista teme es el sentimiento de ser indigno.

6. Uno de los mayores temores que tendrá el narcisista es la falta de admiración. Un narcisista es muy parecido a un artista. Quieren que el foco de atención esté en ellos todo el tiempo, pero más que eso, quieren que todos los admiren. Están dispuestos a hacer todo lo posible para conseguir la admiración de los demás. El narcisista va a tomar medidas extremas para impresionar a otras personas, y temen que esos intentos sean ignorados.

7. Un narcisista teme ser expuesto por lo qué y quiénes son realmente. Los narcisistas dicen mentiras todo el tiempo. Pueden terminar diciendo tantas mentiras que no pueden seguirlas todas. Pueden mentir sobre relaciones pasadas, experiencias que han tenido en la vida, su familia, la infancia o sus logros. Utilizan estas mentiras para impresionar a las personas que les rodean o para manipular a sus víctimas para que hagan lo que quieren que hagan. El narcisista sabe que, al decir estas mentiras, van a ser capaces de conseguir lo que quieren de las personas que les rodea, pero en el fondo, están aterrorizados de ser expuestos. Tienen miedo de que las personas comiencen a comparar impresiones sobre ellos, y que se les reclame por las mentiras que han dicho. Tienen miedo de que las personas sepan la verdad sobre ellos.

8. Para un narcisista, expresar gratitud significa que son dependientes de otra persona. Debido a que el narcisista no quiere que nadie piense que los necesita, no pueden expresar su gratitud. Decir gracias es casi imposible para un narcisista. No quieren que nadie sepa que necesitan ayuda, y se niegan a admitir que la necesitan. Mostrar gratitud, incluso diciendo "gracias", va en contra de todo lo que es un narcisista.

9. El narcisista teme a la muerte. El narcisista se considera a sí mismo como intocable. En su opinión, nada malo podría pasarles nunca. Creen que no importa lo que hagan, tendrán éxito en ello. Tienen lo que se conoce como un complejo de dios. Todos saben que no importa cuán poderoso, cuán exitoso o cuán superior sea una persona, ninguno de nosotros puede evitar la muerte. Debido a esto, el narcisista sufrirá mucha angustia cuando piense en la muerte. Esta es la única cosa en su vida sobre la que no tienen poder. No son capaces de controlarla, y saben que puede ocurrir en cualquier momento. La muerte es su mayor amenaza.

Lo más importante es que el narcisista tiene miedo de que sus víctimas se vuelvan fuertes. Tienen miedo de perder su poder sobre usted. Saben que existe la posibilidad de que se empoderen con el conocimiento, aprendan sobre sus técnicas y empiecen a ver a través de la fachada que han creado. Saben que, si lo hace, va a comenzar rápidamente a darse cuenta de que ya no tiene que permitir que le controlen. Ya no serán capaces de obtener de usted lo que quieren, que es por lo que le tuvieron en su vida en primer lugar. Cuando deja de responder a su comportamiento y comienza a vivir la vida que quiere vivir, entran en pánico. Cuando le quiten el control, le mostrarán que ya no importan, que no son importantes, y que no hay nada especial en ellos. Claro que pueden suplantarlo fácilmente y encontrar otra víctima de la que alimentarse, pero sabiendo que no eran importantes para usted, sabiendo que fue capaz de alejarse de ellos sin importar lo mucho que trataron de manipularlo, los carcomerá por el resto de sus vidas.

Capítulo Once: ¿Puede un narcisista cambiar?

Estar en una relación con un narcisista, ya sea en el trabajo, en la familia o en una relación romántica, puede ser confuso. La relación puede volverse manipuladora y abusiva. No todas las relaciones con todos los narcisistas se vuelven abusivas. Sin embargo, es bueno ser consciente de que esto puede suceder. También es importante entender que el narcisismo no es un trastorno. El narcisismo es un rasgo que las personas tienen. El Trastorno de Personalidad Narcisista o TPN es un trastorno que debe ser tratado por un profesional. Una persona puede mostrar rasgos narcisistas sin tener el TPN.

Muchas personas creen que es imposible que alguien que muestra rasgos narcisistas cambie. La verdad es que una persona que muestra rasgos narcisistas puede cambiar. Aunque este cambio no es fácil, es posible. Una vez que el narcisista comienza a centrarse en el cambio, abordando las inseguridades y la soledad que tanto se ha esforzado en ocultar, puede incluso comenzar a sentir empatía.

Sentir empatía puede ser muy difícil para un narcisista en recuperación. Sin embargo, es posible. Para sentir empatía, van a tener que renunciar a su necesidad de sentirse superiores a otras personas. Para que un narcisista cambie, deben ocurrir ciertas cosas.

Primero, tiene que haber algún tipo de consecuencia para el narcisista que sea significativa para él. Por ejemplo, pueden perder su trabajo o a las personas que aman si no cambian. Una gran motivación para que un narcisista cambie es el daño a su reputación. También pueden estar motivados a cambiar si sienten que están perdiendo oportunidades en su vida.

También pueden estar motivados por los efectos positivos que el cambio traerá a sus vidas. Por ejemplo, no tendrán tantas consecuencias en sus relaciones personales o laborales. Las relaciones comenzarán a mejorar y a normalizarse.

La terapia es algo que el narcisista necesitará. Las emociones que han tratado de ocultar durante tanto tiempo deben ser abordadas. Por eso necesitan ver a un buen terapeuta. Puede que sienta un fuerte deseo de ayudar al narcisista a cambiar, pero un terapeuta tiene el entrenamiento para ayudarles a hacerlo. El terapeuta va a ser capaz de hacer responsable al narcisista de sus acciones, sin ser vulnerable a su rabia. Si está en una relación con un narcisista, también querrá buscar terapia. Los dos también pueden elegir participar en una terapia que se centre en la relación, aparte de su terapia personal.

Vale la pena mencionar que algunos narcisistas no van a ver la necesidad de cambiar. Hay momentos en los que no importa lo que el narcisista corra el riesgo de perder; no admitirán que tienen defectos o que han hecho algo malo. Si se niegan a admitir sus faltas, mientras necesitan ayuda, lo más probable es que no la busquen.

Los siguientes pasos van a ayudar al narcisista a cambiar su comportamiento:

1. Ser consciente de los límites de los demás y empezar a ser considerado con ellos

El narcisista tiende a no ser consciente de dónde terminan ellos, y otra persona comienza. Por lo tanto, para que ellos comiencen a ver a otras personas como seres humanos en lugar de posesiones, querrán comenzar a ser conscientes de los límites que son establecidos por otras personas. Pueden hacer esto empezando a dirigirse a otras personas por sus nombres cuando les hablan y cuando escriben.

El narcisista es conocido por demandar atención todo el tiempo, lo que significa que cuando están cerca de otras personas no son escuchados. El narcisista debe centrarse en escuchar lo que otras personas están diciendo. Mientras otras personas están hablando, deben mostrar interés en lo que se dice. El narcisista pierde muchas oportunidades de aprender sobre la vida porque nunca escucha las experiencias personales de los demás.

Cuando el narcisista quiere que alguien haga algo por ellos, tendrá que empezar a hacer peticiones en lugar de hacer demandas. Tienen que dar a la otra persona el espacio que necesita para tomar sus propias decisiones en lugar de cumplir con las demandas del narcisista. Una vez que hacen su elección, el narcisista debe respetarla y no tratar de forzar a la persona a hacer lo que se le pidió.

2. Desarrollar y entregar

El narcisista está acostumbrado a engañar, mentir, manipular, exagerar, tomar atajos, no cumplir compromisos y romper promesas. Para que puedan crear relaciones genuinas, tendrán que empezar a construir la confianza con las personas que les rodean.

Esto significa que tienen que hacer lo que dicen que van a hacer. Tendrán que aprender a mantener sus promesas, cumplir con los compromisos y mantener sus acuerdos y citas. La mejor manera de hacerlo es asegurarse de que no están haciendo promesas que no van a poder cumplir. Un gran error que cometen los narcisistas y los no narcisistas es hacer promesas o compromisos que saben que no van a poder cumplir.

Cuando el narcisista no es capaz de cumplir con sus compromisos, deben ser responsables de sus acciones. También necesitan tomarse el tiempo para identificar lo que pueden hacer para asegurar que esto no vuelva a suceder. También es muy importante para ellos averiguar qué pueden hacer para arreglar las cosas con la persona a la que rompieron la promesa. Esto les ayudará a aprender que son responsables de sus acciones.

3. Ser más consciente

La atención permite centrarse en lo que está pasando ahora mismo. Por ejemplo, si va a ochenta por la interestatal, y de repente empieza a nevar, ser consciente de la situación puede ayudarle a darse cuenta rápidamente de que tiene que ir más despacio. Si no está atento a la situación, sino que se centra en sus planes para mañana, puede encontrarse con que se desliza por el lateral de la carretera antes de darse cuenta de lo que está pasando.

¿Cómo ayuda esto al narcisista? Pueden hacerse preguntas como, "¿Cómo va a ser percibido esto por la persona con la que estoy hablando?" o, "¿Estoy tratando de hacerme ver o sentir superior a los que me rodean?". Estar atento permitirá al narcisista ser más consciente de sus acciones, lo que a su vez le ayudará a cambiar el comportamiento antes de que alguien salga herido.

4. Pedir ayuda

Anteriormente en este libro, aprendió que es muy difícil para un narcisista pedir ayuda. No quieren ser vistos como alguien que depende de otras personas. Sin embargo, al pedir ayuda o apoyo mientras hacen estos cambios en sus vidas, va a aumentar su confianza en sí mismos y sentir que realmente pertenecen. En lugar de la ilusión de que les gustan a las personas, comenzarán a ver lo que es que las personas se preocupen por ellos. Los narcisistas suelen estar muy solos porque no dejan que nadie se acerque demasiado a ellos. Ya hemos hablado de cómo temen que al dejar que alguien se acerque demasiado, se expongan a lo que realmente son.

Si el narcisista está tratando seriamente de cambiar, deberían abrirse al menos a una persona en sus vidas. A medida que pase el tiempo, serán capaces de abrirse a más y más personas. Los grupos de apoyo son una buena opción para el narcisista que tiene miedo de abrirse a la gente y pueden ser un pequeño paso en la dirección correcta.

5. Perdonarse a sí mismos

A medida que el narcisista comienza a hacer cambios en su vida, puede comenzar a sentir remordimiento por el dolor que ha infligido a otras personas. Esto es completamente natural; sin embargo, el narcisista puede comenzar a pensar en sí mismo como una mala persona. Comenzarán a sentir una culpa que nunca antes habían sentido. Esto puede causar que se revuelquen en la culpa e incluso que se depriman. Es extremadamente importante en este punto que el narcisista se perdone a sí mismo por las cosas que sucedieron en el pasado. Puede que necesiten que se les recuerde que el pasado no tiene nada que ver con lo que sucede hoy. El pasado no puede ser cambiado, pero su futuro sí. No se debe sacar a relucir continuamente el pasado, echándoselo en cara al narcisista, tratando de hacerles sentir mal por lo que hicieron. Si llegan a este punto de cambio, ya se sienten suficientemente mal. En su lugar, muéstreles el perdón para que puedan perdonarse a sí mismos.

A medida que el narcisista trabaja para hacer estos cambios en su vida, regresarán a la humanidad. Serán más auténticos, y tendrán relaciones mucho más saludables. Se verán a sí mismos realizando cosas que nunca creyeron posibles, y su autoconfianza será real. Pronto comenzarán a entender que pueden sentirse bien con lo que son, y no tienen que usar a otras personas para sentirse así.

El cambio no ocurre de la noche a la mañana. Puede tomar mucho tiempo para que un narcisista sea capaz de dejar atrás todos los rasgos narcisistas. Sin embargo, mientras sigan trabajando hacia su objetivo y sean honestos consigo mismos, el cambio es posible.

Una vez que el cambio ha ocurrido, no es hora de parar. Aprender y trabajar continuamente para mejorar uno mismo ayudará al narcisista a crear la vida que realmente quiere. Esto les ayudará a experimentar la verdadera felicidad y a volverse reales de nuevo.

El narcisista puede tener experiencias por primera vez que le hagan sentir incómodo. Pueden experimentar lo que es ser herido por otra persona, ser vulnerable, y admitir que tienen defectos. Esto puede ser muy difícil de tratar al principio, y debe estar preparado para alguna lucha. Puede haber momentos en los que el narcisista solo quiere rendirse. Es mucho más fácil para ellos continuar manipulando a la gente para conseguir lo que quieren en la vida, que trabajar para mejorarse a sí mismos y crear esa vida por sí mismos.

Continúe proporcionando apoyo a los narcisistas mientras sigan trabajando para hacer estos cambios. Si están teniendo un tiempo particularmente difícil para lidiar con las emociones que van a enfrentar, recuérdeles por qué decidieron hacer el cambio en primer lugar.

Puede ser difícil para usted a medida que el narcisista también hace estos cambios. Ya ha pasado mucho tiempo tratando de sanar a las personas que dañaron y tratando de hacer lo que fuese para hacerlas felices. Puede sentirse completamente agotado y como si no tuviera nada más que darles, por lo que necesita buscar ayuda para sí mismo.

Capítulo doce: Exponiendo el abuso emocional

Aunque no todo el mundo que tiene rasgos narcisistas tiene un trastorno de personalidad narcisista, pueden desarrollarlo. Hoy en día escuchamos a la gente lanzar la palabra narcisista todo el tiempo. Puede que lo haya visto en todas las redes sociales. Si ha intentado hacer alguna investigación sobre el abuso emocional, puede que haya encontrado una cantidad abrumadora de sitios web que hablan sobre el narcisismo. Si bien puede ser bueno darle un título a su abusador, es importante asegurarse de que es lo que realmente está sufriendo. Solo un profesional puede diagnosticar el TPN.

Algunas de las personas que abusan de sus parejas son narcisistas, pero otras no. Algunos de ellos están lidiando con otros desórdenes mentales; algunos de ellos no tienen ningún tipo de desorden mental. El hecho es que nada ha demostrado que exista un vínculo entre los trastornos mentales y el abuso.

Incluso si no tiene idea de por qué la persona con la que está, está abusando emocionalmente de usted, necesita exponer el abuso. Un problema con el que muchas personas se encuentran cuando conectan el abuso con un trastorno mental es que sienten que no se puede hacer nada al respecto. Aceptan el abuso porque así es la persona. Le hace sentir que no tiene control sobre la situación y que debe lidiar con ella.

Algunas personas pueden comenzar a creer que, si solo pudieran obtener un diagnóstico para su pareja, el abuso cesaría. Si solo la pareja tomara medicamentos para el trastorno, no tendrían que sufrir más el abuso. Lamentablemente, la medicación no es la respuesta. La medicación puede tratar los trastornos mentales, pero no va a cambiar el comportamiento abusivo. El abuso tendría que ser tratado separadamente del trastorno mental.

Abusar de alguien es una decisión que toma el abusador. Las personas que sufren trastornos mentales no siempre controlan las decisiones que toman, por lo que ese tipo de abuso podría mejorar con el tratamiento de un trastorno mental, aunque rara vez es así.

Una pareja abusiva puede controlar sus conductas, como elegir empujar los límites para ver qué tan lejos pueden llegar. Por ejemplo, puede comenzar como un abuso verbal, pero luego abofetea a su pareja para ver si puede salirse con la suya. La persona tiene el control de la forma en que se comporta si solo es abusiva con usted. ¿Tiene la capacidad de tratar a otras personas con respeto? Si este es el caso, están eligiendo ser abusivos.

También puede optar por intensificar el abuso a medida que pasa el tiempo. Una persona que tiene un trastorno mental generalmente se comporta de la misma manera la mayor parte del tiempo. Sin embargo, el comportamiento de una persona abusiva se intensificará a medida que la relación avance.

Es necesario que comprenda que, independientemente de que su pareja tenga un trastorno mental o no, no tiene derecho a abusar de usted de ninguna manera. Nunca será capaz de arreglarlos o hacer que cambien su comportamiento. Es su responsabilidad defenderse y comenzar a tomar medidas.

El abuso puede tomar muchas formas diferentes. Una de ellas es el abuso emocional. Debido a que no hay signos físicos de abuso emocional, puede ser difícil de detectar. Cuando muchas personas piensan en el abuso emocional, tienden a creer que no es tan grave como el abuso físico. Sin embargo, es igual de peligroso y puede causar mucho daño a la víctima.

El abuso emocional puede llevar a la víctima a sufrir de TEPT, depresión, ansiedad, baja autoestima y un bajo sentido de autoestima.

Antes de entrar en el tema de cómo puede obtener ayuda, repasemos algunos *mitos* que las personas tienden a creer sobre el abuso emocional.

1. Muchas personas creen que el *abuso emocional y el abuso físico siempre ocurren juntos.* La verdad es que una persona puede ser víctima de abuso emocional sin ser nunca víctima de abuso físico. Esto es lo que hace que sea tan difícil para los que están fuera de la relación detectar.

2. *Las mujeres son las víctimas del abuso emocional.* El abuso emocional es como cualquier otro tipo de abuso, y tanto los hombres como las mujeres pueden ser víctimas de él. El abuso emocional suele ocurrir dentro de una relación romántica, pero también puede ocurrir en la familia o entre amigos.

3. *El abuso emocional no es tan malo como el físico.* Todo abuso es doloroso. Es absurdo comparar un tipo de abuso con otro tipo de abuso. Nadie tiene derecho a juzgar la cantidad de dolor que una víctima ha experimentado y afirmar que otra forma de abuso es peor. El abuso es un abuso. No importa el tipo de abuso que esté experimentando, usted merece estar libre de él.

Señal de abuso emocional

¿Cree que podría ser víctima de un abuso emocional? Si sospecha que ha sido objeto de abuso emocional, es hora de que busque ayuda. Pedir ayuda es una de las cosas más valientes que hará. Hay ayuda para usted.

Hay muchas maneras diferentes de pedir ayuda:

- Vaya con alguien en quien confíe y dígale lo que está pasando. Si asiste a la iglesia, este podría ser su pastor. Puede ir a un amigo de confianza o a otro miembro de la familia. Si es menor de edad, busque un adulto en quien confíe, por ejemplo, un profesor o el director de su escuela, y hable con ellos sobre lo que está pasando. Dígale a quienquiera a quien asista que necesita hablar con ellos en privado, lo que le permitirá escuchar realmente lo que está diciendo, y le proporcionará un entorno seguro. Puede ser muy difícil hablar con otra persona sobre el abuso que ha estado experimentando. Cuéntele todo lo que pueda sin sentirse incómodo. Tómese las cosas tan despacio como sea necesario, pero asegúrese de que se atiene a los hechos. No se preocupe si se emociona y se derrumba, ellos lo entenderán y esto le proporcionará un poco de alivio emocional.

- Si usted es un niño que está sufriendo abuso, llame a los servicios de protección infantil, o busque al trabajador social de su escuela. Puede buscar en Internet el número de teléfono de los servicios de protección infantil de su estado. Ni siquiera es necesario que le dé su nombre cuando llame. Solo dígales lo que está sucediendo, y ellos investigarán. Un trabajador, así como un oficial de policía, serán enviados a su hogar, y hablarán con usted en privado sobre la situación.

- Contacte con la policía. Si está en peligro físico, llame al 911 inmediatamente. No espere y pida ayuda más tarde. No permita que nadie le haga daño. Si no está en peligro inmediato, puede llamar al número que no es de emergencia para hablar con un oficial sobre un patrón de abuso. Si usted es la víctima, el remitente le preguntará si está a salvo o si se siente a salvo. Después de que haya hablado con el remitente, un oficial será enviado a su ubicación. Si no quiere que el oficial vaya a su hogar, debe ir a la comisaría de policía para dar el informe. Asegúrese de decirle todo a la policía, pero aténgase a los hechos. Deberá llevar consigo cualquier evidencia para dársela a la policía. Proporcione a la policía toda la información posible, pero si no tiene claro algo que le hayan preguntado, no tenga miedo de hacérselo saber. Finalmente, asegúrese de estar disponible si el oficial de policía necesita hacer un seguimiento. Nunca debe llamar y pedir información actualizada sobre la investigación. La policía no podrá darle ese tipo de información. Si el abusador termina siendo arrestado, el fiscal puede ponerse en contacto con usted para pedirle que declare contra el acusado. Si tiene miedo de hacerlo, no tiene que hacerlo; nadie le obligará a testificar.

- A veces, contactar con la policía puede parecer abrumador. Si necesita hablar con alguien, expresar lo que siente o si no está seguro de que lo que está pasando es un abuso, puede enviar un mensaje de texto con la palabra HOLA al 741741. Esto la conectará con un consejero de crisis. Si el abusador tiene acceso a su teléfono, asegúrese de borrar los mensajes después de que la conversación haya terminado.

- Cree un plan de seguridad. Aunque no padezca abuso físico, debe asegurarse de que tiene un plan de seguridad. Piense en los lugares a los que puede ir para alejarse del abusador. Cree un plan que pueda seguir cuando esté listo para salir de la relación. Asegúrese de saber adónde irá, con quién se pondrá en contacto y cómo sobrevivirá. Sea lo más detallista posible para que cuando llegue el momento, no tenga que preocuparse por nada.

Lidiando con el abuso emocional

Si está en una relación emocionalmente abusiva, recuerde que merece ser tratado con respeto y amor. Nadie merece sufrir un abuso.

Puede llevarle tiempo recuperarse del abuso que ha sufrido. Necesita ponerse en primer lugar y practicar el autocuidado.

Puede comenzar su recuperación hablando con un profesional. Necesitará ayuda para procesar todo lo que le ha sucedido y las emociones que vienen con el abuso. Algunos terapeutas han sido capacitados para trabajar específicamente con sobrevivientes de abuso. El terapeuta podrá enseñarle cómo enfrentar el abuso y todas sus emociones.

Aprender a practicar el autocuidado es muy importante si ha estado en algún tipo de relación abusiva. Ha estado cuidando a su abusador por tanto tiempo que probablemente no se ha estado cuidando a sí mismo. Comience a concentrarse en su persona por una vez, lo que ayudará a reducir cualquier ansiedad o depresión que esté enfrentando debido al abuso. Enfóquese en proporcionarle a su cuerpo los alimentos saludables que necesita, hacer suficiente ejercicio, leer un libro, pasar tiempo haciendo las cosas que más le gustan. Haga de usted y de su salud una prioridad.

Comience a construir amistades fuertes y saludables. No trate de saltar a una nueva relación mientras se está sanando de una abusiva. En lugar de ello, concéntrese en hacer nuevos amigos y en encontrar a las personas adecuadas. Comience a tomar una clase, aprenda algo nuevo o dedique algún tiempo a trabajar en algo que disfrute con un grupo de personas.

El abuso emocional puede ser muy perjudicial, pero hay cosas que puede hacer para protegerse y recuperar el control de su vida. Nunca debería sentir que está atrapado en una situación porque está siendo abusado. Puede encontrar la salida y vivir una vida feliz y plena.

Conclusión: Prosperando después de una relación narcisista

Una vez que se haya liberado de una relación narcisista, puede que le resulte difícil seguir adelante. Esto no es raro cuando una persona ha estado en una relación con un narcisista.

El narcisista esperaba un tratamiento especial de su parte, ya sea que hicieran cosas para merecer este tratamiento o no. La única forma en que el narcisista puede satisfacer su frágil ego es menospreciando a los demás. Les encanta hacerle sentir que no puede vivir sin ellos. Tenemos buenas noticias para usted. No solo podrá sobrevivir sin ellos, sino que también podrá prosperar.

Una de las mejores piezas de conocimiento que puede tener a medida que avanza en su vida es que el narcisista con el que tuvo una relación no podía pensar en nadie más que en sí mismo. Solo se centran en lo que les hace sentir bien. Lo más probable es que quiera asegurarse de que nunca más terminará en otra relación con un narcisista. ¿Cómo puede hacer esto? Prosperando.

Mírelo de esta manera; si tenía una alta autoestima cuando conoció al narcisista, lo más probable es que no se hubiera interesado por usted. El narcisista quiere tener una relación con alguien que pueda controlar, alguien que le haga sentir superior. Si una persona tiene un nivel saludable de confianza en sí misma, puede cometer el error de tener una relación con un narcisista, pero la relación se cortará. Reconocerá que hay un problema en la relación y seguirá adelante con su vida. Más importante que eso, se rehúsa a aceptar la culpa de que la relación no funcione. En cambio, entenderá que la relación no funcionó, y se centrará en su propia felicidad. No está dispuesto a aceptar ninguna relación que no añada valor a su vida.

Para asegurarse de que no terminará en otra relación como esta otra vez, querrá comenzar a enfocarse en usted. Comience por creer en su persona. Enfóquese en crear la vida que quiere y en convertirse en la persona que quiere ser. Enfóquese en su carrera, sus sueños y sus esperanzas. Tómese el tiempo necesario para enfocarse finalmente en su salud o en aprender esa nueva habilidad que siempre ha querido aprender. Dedique tiempo a hacer las cosas que ama y a construir su autoestima.

Tal vez en algún momento de la relación, comenzó a preguntarse cómo una persona tan increíble podría haber querido estar con usted. Esa debió ser su primera pista de que algo andaba mal. Cuando se enfoca en construir su autoestima, nunca se cuestionará por qué alguien querría estar con usted. Si está trabajando en la superación de su relación con un narcisista, necesita recordar que usted es increíble.

Los narcisistas son muy quisquillosos con quien salen. Quieren estar con alguien exitoso y consumado. También quieren estar con alguien que minimice lo que realmente son. *Ahora* es el momento de que llegue a la cima. Es hora de que abrace quién es y prosiga con su vida.

Pregúntese qué fue lo que hizo que el narcisista sintiera que podían atacarle. ¿Se está descuidando en un área de su vida que lo hace un blanco fácil para el narcisista? ¿Se está menospreciando a sí mismo? ¿Siente que otras personas son mejores que usted? ¿Menosprecia a otras personas para sentirse mejor consigo mismo? Algunos de los rasgos del narcisista pueden reflejarse en usted. Sin embargo, debería enfocarse en el rasgo que le está causando el mayor problema. ¿Cómo está permitiendo que ese rasgo afecte a su vida? Aprender de esta experiencia es la mejor manera de asegurarse de no repetir este error en el futuro.

Esto puede ser mucho para que una persona lo absorba. Recuerde, no intentamos enfocarnos en hacer que se sienta mal consigo mismo. En su lugar, se trata de asegurar que puede prosperar en su vida mientras se asegura de no volver a ser víctima de un narcisista.

Ha sufrido tanto mental como emocionalmente. Esto puede causar que muchas personas se derrumben completamente y se conviertan en víctimas por el resto de sus vidas. Algunas personas también se convierten en abusadores porque comienzan a tomar las tendencias del narcisista. Deseo lo mejor para usted.

No tiene que ser una víctima por más tiempo. Una vez que haya terminado la relación, puede aceptar que eso es cierto. Es hora de que avance en su vida sin abusos.

Para ello, tiene que dejar de vivir en la negación. Deje de inventar excusas para el abuso que sufrió. Es fácil tratar de inventar excusas para el abusador. Quiere sentir lástima por él. Quiere encontrar una razón por la que hicieron las cosas que hicieron. Sin embargo, si quiere seguir adelante con su vida, simplemente tiene que aceptar que el abuso ocurrió. Deje de pensar en los detalles. Al insistir en los detalles, está permitiendo que el abusador siga afectando su vida.

Establezca los límites a los que se atendrá cuando entre en una nueva relación. Asegúrese de que esos límites sean claros y que haya consecuencias claras al cruzar esos límites. Saber cuáles son sus límites le ayudará a protegerse en el futuro.

Confronte el abuso. No intente fingir que no ha ocurrido. No permita que el agresor le convenza de que deben seguir siendo amigos después del fin de la relación. Los narcisistas harán esto para mantenerse cerca y así poder aprovecharse de usted más tarde. Confróntelos. Dígale lo que le hicieron y que su comportamiento no fue aceptable.

Cuando los enfrente, cíñase a sus puntos, y termine la conversación. Los narcisistas son abusadores. Son buenos para intimidar. Pueden darle la vuelta a la conversación y echarle la culpa, que es una de las formas en que son capaces de mantener a sus víctimas por tanto tiempo.

Corte al narcisista. No mantenga ningún contacto con ellos después de que la relación haya terminado. Si quieren reunirse y hablar, diga que no. Esto puede ser muy difícil, pero es lo mejor para usted.

Finalmente, necesita seguir adelante con su vida. Elija enfocarse en la vida que quiere y cree esa vida. Cuando está ocupado creando la vida que quiere, no va a tener tiempo para enfocarse en el abusador o en el abuso.

Muchas personas piensan que es imposible seguir adelante después de haber estado en una relación abusiva. Se dicen a sí mismos que siempre van a ser la víctima y que hicieron algo para merecer el dolor que soportaron. Usted no hizo nada para merecer el abuso, y ya no tiene que seguir siendo la víctima.

Así que, comience ahora mismo. Comience a enfocarse en esa vida que se merece. Comience a trabajar para convertirse en una persona a la que un narcisista nunca apuntará porque sabe que no se saldrá con la suya abusando de ello.